DEN ALT TRIVE MØDRE KOKEBOKEN

Gjør måltidsplanlegging til en lek med 100 enkle og næringsrike oppskrifter for travle mødre og deres familier

Wild Eriksen

Copyright materiale ©2023

Alle rettigheter reservert

Ansvarsfraskrivelse

Informasjonen i denne boken er ment å tjene som en omfattende samling av strategier som forfatteren av denne boken har forsket på. Oppsummeringer, strategier, tips og triks anbefales kun av forfatteren, og å lese denne boken vil ikke garantere at ens resultater nøyaktig vil speile forfatterens resultater. Forfatteren av boken har gjort alle rimelige anstrengelser for å gi oppdatert og nøyaktig informasjon til leserne av boken. Forfatteren og dens medarbeidere vil ikke holdes ansvarlige for eventuelle utilsiktede feil eller utelatelser som kan bli funnet. Materialet i boken kan inneholde informasjon fra tredjeparter. Tredjepartsmateriale omfatter meninger uttrykt av deres eiere. Som sådan påtar ikke forfatteren av boken seg ansvar eller ansvar for tredjepartsmateriale eller meninger.

INNHOLDSFORTEGNELSE

INNHOLDSFORTEGNELSE	**3**
INTRODUKSJON	**7**
FROKOST	**8**
1. Lintortillas	9
2. Peanøttsmørpannekaker	11
3. Tranebærpannekaker med sirup	13
4. Oransje gresskarpannekaker	16
5. Strawberry maple scones	18
6. Spinat tofu røre	20
7. Amaranth quinoa grøt	22
8. Miso ramen	24
9. Tofu burrito	26
10. Vegansk proteinbar	28
11. Oransje gresskarpannekaker	30
12. Søtpotet og frukt	32
13. Gresskarsurdeigspannekaker	34
14. Jordbærlønnscones	36
15. Spinat tofu scramble	38
16. Overnatt chia havre	40
17. Amaranth quinoa grøt	42
18. Kakao linsemuffins	44
19. Kikertpanna med sopp	46
20. Søtpotettoaster	49
SNACKS	**51**
21. Grønn proteinsnackgryte	52
22. Quinoamuffinsbiter	54
23. PB og J Energibiter	56

24. Stekt gulrothummus	58
25. Puffet quinoabar	60
26. Skallet edamame dip	62
27. Matcha cashewkopper	64
28. Kikertsjokoskiver	66
29. Søte grønne småkaker	68
30. Proteindonuts	70
31. Honning-sesamtofu	72
32. Maple pecan fett bombebarer	74
33. Blomkålforretter	76
34. Seitan Pizzakopper	78
35. Grillet Seitan og grønnsakskabobs	80
36. Quinoamuffinsbiter	82
37. PB og J Energibitt	84
38. Stekt gulrothummus	86
39. Matcha cashewkopper	88
40. Honning-sesamtofu	90

HOVEDRETT 92

41. Shiitake og Cheese burgergryte	93
42. Bakt Jambalaya-gryte	95
43. Aubergine og Tempeh-fylt pasta	97
44. Bean Curd med bønnesaus og nudler	99
45. Tofu i Cajun-stil	101
46. Zucchininudler med parmesan	103
47. Quinoa kikert Buddha bolle	105
48. Sticky tofu med nudler	108
49. Grillet makrell med appelsingremolatadressing	110
50. Malaysisk fisk og okra karri	112
51. Tunfiskbiff med konservert sitroncouscous	115

52. Bakt brasmer med fennikel, gulrot og sitron	118
53. Hvitløk og chili reker	120
54. Bakt havabbor i kinesisk stil	122
55. Salt og rosa pepper reker med lime majones	124
56. Stekt kulmule med safranmajones	126
57. Safran Kylling Flatbrød med Minted Yoghurt	129
58. Marokkansk kyllingbrettbake	132
59. Buffalo Chicken og Blue Cheese Dressing	135
60. Vill hvitløk kalkun Kievs	138
61. Kinesisk ingefærkylling med hvitløksris	141
62. Sprø kyllinglår med Romesco-saus	144
63. Thai chili og basilikum kylling	147
64. Kylling Ramen	150
65. Pan-stekt andebryst med Pak Choi	153
66. Pancetta-innpakket perlehøne med gulrøtter	155

SUPPER 158

67. Blomkålsuppe med ostete toasts	159
68. Kylling og Shiitake nudelsuppe	162
69. Knollselleri og eplesuppe med knuste valnøtter	165
70. Krydret squash og linsesuppe	167

PASTA OG KORN 170

71. Cacio e Pepe med parmesan chips	171
72. Tomat, Mascarpone og Pancetta Rigatoni	173
73. Linguine Vongole med Nduja og Cherrytomater	175
74. Krabbe og squash spaghetti	178
75. Farfalle med brunt smør, erter og salvie	180
76. Porcini Tagliatelle med pinjekjerner	182
77. Saffron Orzo med kalkunkjøttboller	185
78. Reker stekt ris i koreansk stil	188

SALATER OG SIDER — 190

79. Spirer med grønne bønner — 191
80. Sopppilaf — 193
81. Stekte grønnkålspirer — 195
82. Grillede grønnsaker — 197
83. Blandet grønn salat — 199
84. Tofu og bok choy salat — 201
85. Thai quinoasalat — 203
86. Soba nudler, courgette og brun rekesalat — 205
87. Grønnkål Cæsarsalat med hvitløkskrutonger — 207
88. Varm aubergine, tomat og burrata — 210
89. Halloumi, asparges og grønne bønnesalat — 212
90. Rødbetesalat med pisket geitost — 215
91. Vietnamesisk kjøttbollesalat — 218
92. Asiatisk andesalat — 221
93. Pannestekt laks med varm potetsalat — 224
94. Røykfylt kikerttunfisksalat — 227

DESSERTER — 229

95. Cilantro-infundert avokadolimesorbet — 230
96. Kirsebær og sjokolade smultringer — 232
97. Rustikk hyttepai — 234
98. Sjokolade amaretto fondue — 236
99. Flans med en bringebærcoulis — 238
100. Fruktkuler i bourbon — 240

KONKLUSJON — 242

INTRODUKSJON

Mange travle mødre gruer seg til utfordringen med å få et deilig og sunt hjemmelaget måltid på bordet. Denne boken har gode valg for raske og mettende måltider, og inkluderer frokostfavoritter som spenner fra pannekaker til verdens beste muffins, og enkle, men tilfredsstillende middager som Saffron Chicken.

The Den alt trive mødre kokeboken er den perfekte guiden for mødre som ønsker å tilberede velsmakende og sunne måltider for familiene sine, uten å bruke timer på kjøkkenet. Denne kokeboken inneholder 100 enkle å følge oppskrifter, hver med sitt eget fargerike bilde, noe som gjør måltidsplanlegging til en lek. Fra frokost til middag, og alt i mellom, denne kokeboken har deg dekket med oppskrifter som er både næringsrike og deilige. Med alternativer for ethvert kostholdsbehov finner du oppskrifter på glutenfrie, vegetariske og veganske måltider, samt familievennlige favoritter som mac og ost og kyllingfajitas. Hver oppskrift inneholder en detaljert liste over ingredienser, klare instruksjoner og estimerte forberedelses- og koketider, slik at du enkelt kan planlegge måltidene dine rundt den travle timeplanen din.

Den alt trive mødre kokeboken har kulinarisk ekspertise av stjernekvalitet for de spesifikke behovene til travle foreldre. God appetitt!

FROKOST

1. **Lin tortillas**

Gjør 5
INGREDIENSER:
- 1 kopp gyldent linfrømåltid
- 2 ss Chiafrø
- 2 ts olivenolje
- ½ ts karripulver
- 1 kopp filtrert vann
- 1 ts kokosmel

BRUKSANVISNING:
I en stor miksebolle blander du alle de tørre ingrediensene grundigbortsett fra kokosmelet og halvparten av olivenoljen.

a) Bland grundig til blandingen danner en solid ball.

b) Dryss kokosmel over deigen og strekk ut deigen med en kjevle.

c) Skjær ut tortillaen din med et bredt rundt verktøy.

d) Varm 1 ts olivenolje i en panne på middels høy varme. Når oljen er varm, tilsett tortillaen og stek til ønsket bruning er oppnådd.

2. Peanøttsmørpannekaker

Gjør 6

INGREDIENSER:
- 1 ¼ kopper allbruksmel
- 3 ss hvitt granulert sukker
- 1 ss bakepulver
- ¼ ts salt
- 1 kopp soyamelk
- 1 lin egg
- ¼ kopp peanøttsmør
- ⅔ kopp sjokoladebiter
- Kokosolje, til steking

BRUKSANVISNING:
a) Sikt melet i en miksebolle og tilsett sukker, bakepulver og salt.
b) Tilsett og visp sammen soyamelk, lin egg og peanøttsmør for å kombinere.
c) Bland inn sjokoladebitene til slutt.
d) Stek en kvart kopp røre i en stekepanne med litt kokosolje.
e) Stek hver pannekake i ca 3 minutter på begge sider, eller til de er gyldenbrune.

3. Tranebærpannekaker med sirup

Gir 4 til 6 porsjoner

INGREDIENSER:
- 1 kopp kokende vann
- ½ kopp søtede tørkede tranebær
- ½ kopp lønnesirup
- ¼ kopp fersk appelsinjuice
- ¼ kopp hakket appelsin
- 1 ss margarin
- 1½ kopper allsidig mel
- 1 ss sukker
- 1 ss bakepulver
- ½ ts salt
- 1 ½ kopp soyamelk
- ¼ kopp myk silketofu, drenert
- 1 ss rapsolje eller druekjerneolje, pluss mer til steking

BRUKSANVISNING:
a) Forvarm ovnen til 225 grader Fahrenheit.
b) Hell det kokende vannet over tyttebærene i en varmefast kum og sett til side i 10 minutter for å bli myk. Tøm vannet grundig og la det stå til side.
c) Kombiner lønnesirup, appelsinjuice, appelsin og margarin i en liten kjele og kok over lav varme, rør hele tiden for å smelte margarinen.
d) Rør sammen mel, sukker, bakepulver og salt i en stor miksebolle.
e) Bland soyamelk, tofu og olje sammen i en foodprosessor eller blender til en jevn masse.
Med noen raske slag blander du de våte ingrediensene inn i de tørre ingrediensene. Vend inn tyttebærene som har blitt myke.
f) Varm et tynt lag olje på en takke eller stor stekepanne over middels høy varme. ¼ kopp til ⅓ kopp av røren skal helles på den varme takken.
g) Kok i 2 til 3 minutter, eller til små bobler dukker opp på overflaten.
h) Stek til den andre siden av pannekaken er brunet, ca 2 minutter til.
i) Legg stekte pannekaker på en varmefast form og hold varm i ovnen mens du gjør ferdig resten av partiet. Server med en appelsin-lønnesirup ved siden av.

4. Oransje gresskarpannekaker

Gjør 4

INGREDIENSER:
- 10 g malt linmel
- 45 ml vann
- 235 ml usøtet soyamelk
- 15 ml sitronsaft
- 60 g bokhvetemel
- 60 g universalmel
- 8 g bakepulver, aluminiumfritt
- 2 ts finrevet appelsinskall
- 25 g hvite chiafrø
- 120 g økologisk gresskarpuré
- 30 ml smeltet og avkjølt kokosolje
- 5 ml vaniljepasta
- 30 ml ren lønnesirup

BRUKSANVISNING:
a) Kombiner malt linmel og vann i en liten bolle. Sette til side.
b) Kombiner mandelmelk og eplecidereddik i en middels blandeskål. Sett til side i fem minutter.
c) Kombiner bokhvetemel, universalmel, bakepulver, appelsinskall og chiafrø i en egen stor miksebolle.
d) Tilsett mandelmelk, gresskarpuré, kokosolje, vanilje og lønnesirup til blandingen.
e) Bland alt sammen til det blir en jevn røre.
f) I en stor stekepanne smelter du smøret over middels høy varme. Pensle en liten mengde kokosolje inn i pannen.
g) Hell 60 ml røre i en panne. Stek i 1 minutt, eller til det utvikles bobler på overflaten av pannekaken.
h) Bruk en slikkepott, løft og snu pannekaken forsiktig.
i) Kok i ytterligere 1 ½ minutt.

5. **Strawberry maple scones**

Gjør 2

INGREDIENSER:
- 2 kopper havremel.
- ⅓ kopp mandelmelk.
- 1 kopp jordbær.
- En håndfull tørkede rips.
- 5 ss kokosolje.
- 5 ss lønnesirup.
- 1 ss bakepulver.
- 1 ½ ts vaniljeekstrakt.
- 1 ts kanel.
- ½ ts kardemomme (valgfritt).
- Dryss salt.

BRUKSANVISNING:
a) Tilsett kokosolje i havremelet og bland med en gaffel til det dannes en smuldrete deig.
Tilsett jordbærbitene og rips så snart det er avkjølt, og tilsett deretter alle de våte ingrediensene sakte.
b) Form en sirkel av deigen på en bakeplate dekket med bakepapir - den skal være ca 1 tomme tykk.
c) Stek i 15-17 minutter etter å ha kuttet i åtte trekantede biter.
d) Server med syltetøy, honning eller nøttesmør for en spesiell godbit!

6. Spinat tofu røre

Gjør 1

INGREDIENSER:
RØMME:
- 75 g rå cashewnøtter, bløtlagt over natten
- 30 ml sitronsaft
- 5 g næringsgjær
- 60 ml vann 1 god klype salt

TOFU SCRABLE:
- 15 ml olivenolje
- 1 liten løk, i terninger
- 1 fedd hvitløk, finhakket
- 400 fast tofu, presset, smuldret
- ½ ts malt spisskummen
- ½ ts karripulver
- ½ ts gurkemeie
- 2 tomater, i terninger
- 30 g babyspinat
- Salt, etter smak

BRUKSANVISNING:
a) Kombiner cashewnøtter, sitronsaft, næringsgjær, vann og salt i en foodprosessor.
b) Bland på høy i 5-6 minutter, eller til den er jevn og sett til side.
c) Varm opp olivenoljen til tofuen i en stekepanne.
d) Ha i løken og stek i 5 minutter på middels høy varme.
e) Tilsett hvitløken og la det småkoke i 1 minutt under konstant omrøring.
f) Rør inn smuldret tofu for å dekke den med oljen.
g) Tilsett spisskummen, karri og gurkemeie.
h) Tilsett tomater og kok i 2 minutter.
i) Tilsett spinaten og kok, rør hele tiden, i 1 minutt, eller til den er helt visnet. Legg tofukrypningen på et fat.
j) Server med en klatt rømme på toppen.

7. Amaranth quinoa grøt

Gjør 1

INGREDIENSER:
- 85 g quinoa
- 70 g amarant.
- 460 ml vann
- 115 ml usøtet soyamelk
- ½ ts vaniljepasta
- 15 g mandelsmør
- 30 ml ren lønnesirup
- 10 g rå gresskarkjerner
- 10 g granateplefrø

BRUKSANVISNING:
a) Kombiner quinoa, amaranth og vann i en miksebolle.
b) Over middels høy varme, kok opp.
c) Reduser varmen til lav og kok kornene i 20 minutter, rør jevnlig. Tilsett melk og lønnesirup.
d) Kok i 6-7 minutter på lav varme. Ta av varmen og bland inn mandelsmør og vaniljeekstrakt.
e) Pynt med granateplekjerner og gresskarkjerner.

8. Miso ramen

INGREDIENSER:

- 5 ss misopasta.
- 2 ss soyasaus.
- 2 ½ cm bit ingefær, revet.
- 12 shiitake-sopp.
- 225 g røkt tofu, kuttet i 4 biter.
- 2 ss flytende amino eller tamari.
- 250 g soba nudler.
- 16 ører babymais.
- 1 ss vegetabilsk olje.
- 8 barn pak choi.
- 200 g spiseklare bønnespirer.
- 2 røde chili, finskåret på skrå.
- 2 vårløk, forsiktig kuttet på skrå.
- 4 ss sprø tang.
- 2 ss svarte sesamfrø.
- 1 ss sesamolje, til slutt.

BRUKSANVISNING:

a) Ha miso, 1,5 liter vann, soyasaus, ingefær og shiitake i en stor panne. Rør for å blande inn misoen, og la det deretter småkoke. Fortsett å småkoke i 5 minutter.

b) I mellomtiden, plasser den røkte tofuen i en grunn bolle og hell over flytende amino. Snu tofubitene for å sørge for at de er godt gjennomvåt på begge sider.

c) Kok opp en panne med saltet vann. Tilsett soba-nudlene, kok opp igjen og kok til de er akkurat møre, ca. 5 minutter.

d) Tilsett barnemaisen til misobuljongen og kok i ytterligere 4 minutter.

e) Varm oljen i en stekepanne med slippbelegg over høy varme. Legg tofuen forsiktig i stekepannen og stek i 2-3 minutter på hver side til den er brun.

f) Så snart nudlene er kokt, la de renne av i et dørslag og skylles under kaldt vann, og deretter fordeles mellom 4 serveringsboller. Ha pak choi til misobuljongen og bli kvitt fra varmen.

9. Tofu burrito

INGREDIENSER:
- 1 12-unse bunt fast eller ekstra fast tofu.
- 1 ts olje (eller 1 ss (15 ml) vann).
- 3 fedd hvitløk (hakket).
- 1 ss hummus (kjøpt i butikken eller gjør det selv).
- ½ ts chilipulver.
- ½ ts spisskummen.
- 1 ts diettgjær.
- ¼ ts havsalt.
- 1 klype kajennepepper.
- ¼ kopp hakket persille.
- Grønnsaker:

BRUKSANVISNING:
a) Forvarm ovnen til 400 ° F (204 ° C) og kle en stekeplate med bakepapir.
b) Tilsett poteter og rød pepper på stekeplaten, drypp over olje (eller vann) og krydder, og bland for å kombinere. Stek i 15-22 minutter eller til gaffelen er møre og litt brunet. Ta med grønnkål de siste 5 minuttene.
c) Varm i mellomtiden en stor stekepanne over middels varme. Så snart det er varmt, ta med olje (eller vann), hvitløk og tofu og fres i 7-10 minutter, rør ofte, til det blir litt brunt.
d) I mellomtiden, til en liten miksebolle, inkluderer hummus, chilipulver, spisskummen, næringsgjær, salt og cayenne (valgfritt). Fortsett å tilsette vann til det dannes en hellbar saus. Tilsett krydderblandingen til tofuen og fortsett å koke på middels varme til den er litt brun - 3-5 minutter.
e) Inkluder sjenerøse porsjoner av de stekte grønnsakene, kryptert tofu, avokado, koriander og litt salsa. Fortsett til alt pynt er brukt opp - ca 3-4 store burritos.

10. Vegansk proteinbar

INGREDIENSER:
- ⅓ kopp amaranth
- 3 ss proteinpulver
- 2 ss lønnesirup
- 1 kopp kremaktig saltet peanøtt- eller mandelsmør
- 2-3 ss smeltet mørk sjokolade

BRUKSANVISNING:
a)   Varm en stor gryte over middels høy varme. Tilsett ca 2-3 ss amaranth om gangen og dekk til med en gang.
b)   Tilsett peanøtt- eller mandelsmør og lønnesirup i en middels miksebolle og rør for å integreres. Tilsett så proteinpulver og rør.
c)   Ha med poppet amarant litt om gangen til du har en løs "deig" tekstur. Rør med en tresleiv eller bruk hendene til å fordele blandingen likt.
d)   Ha blandingen over i bakemåltidet og trykk ned for å danne et jevnt lag. Legg pergamentpapir eller plastfolie på toppen og bruk en flatbunnet gjenstand som et væskemålebeger for å presse ned og pakke blandingen inn i et jevnt, fast pakket lag.
e)   Overfør til fryseren for å stivne i 10-15 minutter eller til den er fast å ta på. Løft ut og del den i ni barer.

11. Oransje gresskarpannekaker

INGREDIENSER:
- 10 g malt linmel
- 45 ml vann
- 235 ml usøtet soyamelk
- 15 ml sitronsaft
- 60 g bokhvetemel
- 60 g universalmel
- 8 g bakepulver, aluminiumfritt
- 2 ts finrevet appelsinskall
- 25 g hvite chiafrø
- 120 g økologisk gresskarpuré
- 30 ml smeltet og avkjølt kokosolje
- 5 ml vaniljepasta
- 30 ml ren lønnesirup

BRUKSANVISNING:
a) Kombiner malt linmel med vann i en liten bolle. Sett til side i 10 minutter. Kombiner mandelmelk og cidereddik i en middels bolle. Sett til side i 5 minutter.
b) I en separat stor bolle kombinerer du bokhvetemel, universalmel, bakepulver, appelsinskall og chiafrø.
c) Hell i mandelmelk, sammen med gresskarpuré, kokosolje, vanilje og lønnesirup.
d) Pisk sammen til du har en jevn røre.
e) Varm opp en stor stekepanne over middels høy varme. Pensle pannen forsiktig med litt kokosolje.
f) Hell 60 ml røre i pannen. Stek pannekaken i 1 minutt, eller til det kommer bobler på overflaten.
g) Løft pannekaken forsiktig med en slikkepott og vend.
h) Kok 1 ½ minutt til. Skyv pannekaken over på en tallerken. Gjenta med resten av røren.

12. Søtpotet og frukt

INGREDIENSER:
- 1 søtpotet Topping.
- 60 g økologisk peanøttsmør.
- 30 ml ren lønnesirup.
- 4 tørkede aprikoser i skiver.
- 30 g friske bringebær.

BRUKSANVISNING:

a) Skrell og skjær søtpotet i ½ cm tykke skiver.

b) Legg potetskivene i en brødrister på høy temperatur i 5 minutter. Rist søtpotetene dine TO GANGER.

c) Anrett søtpotetskiver på en tallerken.

d) Fordel peanøttsmøret over søtpotetskiver.

e) Drypp lønnesirupen over smøret. Topp hver skive med like mange skiver aprikoser og bringebær. Tjene.

13. Gresskar surdeig pannekaker

Over natten svamp:
- ¼ kopp glutenfri surdeigsstarter.
- ¼ kopp gresskarpuré.
- ½ kopp kikertmel (eller annet glutenfritt mel).
- ½ kopp mandelmelk.
- 1-2 ss lønnesirup.

Om morgenen:
- 1 linegg (1 ss malt linfrø + 3 ss vann).
- 1 ts gresskarkrydder.
- 1 ts kanel.
- ½ ts gurkemeie.
- ¼ kopp rå kakaonibs (eller ikke-dagboksjokoladebiter).
- En håndfull pekannøtter i skiver (valgfritt, men veldig anbefalt!).
- ½ ts natron.
- 1 ts bakepulver.

BRUKSANVISNING:

Kvelden før du lager pannekakene, plasser svampen over natten**INGREDIENSER:**i en ikke-reaktiv bolle. Bland godt, dekk til med plastfolie og la stå over natten.

Om morgenen, før du lager pannekakene, tilsett alle de andre ingrediensene (annet enn bakepulver og natron) i svampen over natten. Rør godt om.

a) Varm en non-stick panne på middels varme.

b) Tilsett natron og bakepulver i røren og rør dem forsiktig inn.

c) Ha ¼ kopp av røren på pannen for hver pannekake og stek til du ser at det dannes bobler på overflaten av pannekakene og kantene tørker ut.

14. **Strawberry maple scones**

INGREDIENSER:
- 2 kopper havremel.
- ⅓ kopp mandelmelk.
- 1 kopp jordbær.
- En håndfull tørkede rips.
- 5 ss kokosolje.
- 5 ss lønnesirup.
- 1 ss bakepulver.
- 1 ½ ts vaniljeekstrakt.
- 1 ts kanel.

BRUKSANVISNING:
Inkluder kokosolje og med en konditorkutter eller gaffel, kutt og bland kokosoljen inn i havremelblandingen til en smuldrete deig dannes. Så snart den er kald tilsetter du jordbærbitene, rips og de våte ingrediensene.

a) Bland sakte de tørre og våte komponentene til de er blandet – pass på å ikke blande for mye.

b) På et bakepapirkledd bakepapir danner du en sirkel av deigen – det må ha å gjøre med 1 tomme tykt. Skjær i åtte trekantede biter og stek i 15-17 minutter. Nyt med syltetøy, en klatt honning eller nøttesmør!

15. **Spinat tofu røre**

Rømme:
- 75 g rå cashewnøtter, bløtlagt over natten,
- 30 ml sitronsaft,
- 5 g næringsgjær,
- 60 ml vann 1 god klype salt,

Tofu scramble:
- 15 ml olivenolje.
- 1 liten løk, i terninger.
- 1 fedd hvitløk, finhakket.
- 400 fast tofu, presset, smuldret.
- ½ ts malt spisskummen.
- ½ ts karripulver.
- ½ ts gurkemeie.
- 2 tomater, i terninger.
- 30 g babyspinat
- Salt, etter smak.

BRUKSANVISNING:
a) Lag cashew-rømmen; skyll og renn av bløtlagte cashewnøtter.
b) Ha cashewnøtter, sitronsaft, næringsgjær, vann og salt i en foodprosessor.
c) Bland på høy til jevn, i 5-6 minutter.
d) Ha over i en bolle og legg til side. Gjør tofuen røre; varm olivenolje i en panne.
e) Tilsett løk og stek i 5 minutter over middels høy.
f) Tilsett hvitløk og stek under omrøring i 1 minutt.
g) Tilsett smuldret tofu og rør for å dekke med olje.
h) Tilsett spisskummen, karri og gurkemeie. Kok tofuen i 2 minutter.
i) Tilsett tomatene og stek i 2 minutter.
j) Tilsett spinat og kok, rør til den er helt visnet, ca. 1 minutt. Overfør tofukryp på tallerkenen.
k) Topp med rømme og server.

16. Over natten chia havre

INGREDIENSER:
- 470 ml full fet soyamelk.
- 90 g gammeldags havregryn.
- 40 g chiafrø.
- 15 ml ren lønnesirup.
- 25 g knuste pistasjnøtter.
- Bjørnebærsyltetøy

BRUKSANVISNING:

a) Lag havren; i en stor bolle, kombinere soyamelk, havre, chiafrø og lønnesirup.

b) Dekk til og avkjøl over natten.

c) Lag syltetøyet; kombinere bjørnebær, lønnesirup og vann i en kjele. La småkoke over middels varme i 10 minutter.

d) Tilsett chiafrøene og la bjørnebærene småkoke i 10 minutter.

e) Fjern fra varmen og rør inn sitronsaft. Mos bjørnebærene med en gaffel og legg til avkjøling.

f) Montere; del havregrynene mellom fire serveringsboller.

g) Topp med hver bolle bjørnebærsyltetøy.

h) Dryss over pistasjnøtter før servering.

17. **Amaranth quinoa grøt**

INGREDIENSER:
- 85 g quinoa.
- 70 g amarant.
- 460 ml vann.
- 115 ml usøtet soyamelk.
- ½ ts vaniljepasta.
- 15 g mandelsmør.
- 30 ml ren lønnesirup.
- 10 g rå gresskarkjerner.
- 10 g granateplefrø.

BRUKSANVISNING:
a) Kombiner quinoa, amaranth og vann.
b) Kok opp på middels høy varme.
c) Reduser varmen og la kornene småkoke, rør av og til, i 20 minutter. Rør inn melk og lønnesirup.
d) La småkoke i 6-7 minutter. Ta av varmen og rør inn vanilje, og mandelsmør.
e) La blandingen stå i 5 minutter.
f) Fordel grøten mellom to boller.
g) Topp med gresskarkjerner og granateplekjerner.

18. Kakao linse muffins

INGREDIENSER:
- 195 g kokte røde linser.
- 50 ml smeltet kokosolje.
- 45 ml ren lønnesirup.
- 60 ml usøtet mandelmelk.
- 60 ml vann.
- 60 g rå kakaopulver.
- 120 g fullkornshvetemel.
- 20 g peanøttmel.
- 10 g bakepulver
- 70 g sjokoladebiter.

BRUKSANVISNING:

a)   Forvarm ovnen til 200°C/400°F.

b)   Ha de kokte røde linsene i en matmikser. Bland på høy til jevn. Ha linsepuréen over i en stor bolle. Rør inn kokosolje, lønnesirup, mandelmelk og vann.

c)   I en separat bolle, visp kakaopulver, fullkornshvetemel, peanøttmel og bakepulver.
Brett inn væske**INGREDIENSER:**og rør til det akkurat er blandet.

d)   Tilsett sjokoladebiter og rør til det er innarbeidet.

e)   Fordel røren mellom 12 papirformer.

f)   Stek muffinsene i 15 minutter.

19. Kikert pannekaker med sopp

INGREDIENSER:
Crepes:
- 140 g kikertmel.
- 30 g peanøttmel.
- 5 g næringsgjær.
- 5 g karripulver.
- 350 ml vann.
- Salt, etter smak.

FYLLING:
- 10 ml olivenolje.
- 4 Portobello-sopphatter, i tynne skiver.
- 1 løk, i tynne skiver.
- 30 g babyspinat.
- Salt og pepper, etter smak.
- Mayo:

BRUKSANVISNING:

a) Lag mayoen

b) Pisk med stavmikser i 30 sekunder.

c) Sett mikseren på høyeste hastighet. Drypp i avokadoolje og pisk i 10 minutter eller til du har en blanding som minner om majones.

d) Smak til med salt og avkjøl i 1 time.

e) Lag pannekakene; kombiner kikertmel, peanøttmel, næringsgjær, karripulver, vann og salt etter smak i en matmikser.

f) Varm opp en stor stekepanne over middels høy varme. Spray pannen med litt matolje.

g) Hell ¼ kopp av røren i pannen og fordel røren over hele pannebunnen med en virvelbevegelse.

h) Stek crepeen i 1 minutt på hver side. Skyv crepeen over på en tallerken og hold den varm.

i) Lag fyllet; varm olivenolje i en stekepanne over middels høy varme.

j) Tilsett sopp og løk og stek i 6-8 minutter.

k) Tilsett spinat og bland til visnet, i 1 minutt.

l) Smak til med salt og pepper og ha over i en stor bolle.

m) Brett inn forberedt mayo.

20. Søtpotettoaster

INGREDIENSER:
- 2 store søtpoteter, skåret i skiver.
- ¼-tommers tykke skiver.
- 1 ss avokadoolje.
- 1 ts salt ½ kopp guacamole.
- ½ kopp tomater, i skiver.

BRUKSANVISNING:
a) Forvarm ovnen til 425 ° F.
b) Dekk en stekeplate med bakepapir.
c) Gni inn potetskivene med olje og salt og legg dem på en bakeplate. Stek i 5 minutter i ovnen, snu og stek igjen i 5 minutter.
d) Topp de bakte skivene med guacamole og tomater.

SNACKS

21. Grønn proteinsnackgryte

INGREDIENSER:
- 8 gram edamame bønner, frosne.
- 8 gram erter, frosne.
- 4 ss sesamfrø.
- 4 ss soyasaus (lavt natrium).
- Chilisaus som foretrukket, etter smak.
- Koriander, valgfritt.

BRUKSANVISNING:

a) Legg frosne erter og edamame i en bolle som tåler mikrobølgeovn. Ha i en skvett vann og tin i mikrobølgeovnen i ca. 30 sekunder slik at den får romtemperatur.

b) I en liten beholder, gryte eller beholder, plasser frø sammen med erter og bønner.

c) Rør gjennom soyasaus, chili og koriander før du spiser. Nyt!

22. Quinoa muffins biter

INGREDIENSER:
- 1 ½ kopper tilberedt quinoa.
- 2 egg, vispet.
- ½ kopp søtpotetpuré.
- ½ kopp svarte bønner.
- 1 ss hakket koriander.
- 1 ts spisskummen.
- 1 ts paprika.
- ½ ts hvitløkspulver.
- ½ ts salt.
- ⅛ teskjeer svart pepper.
- Matlagingsspray.

BRUKSANVISNING:
Forvarm ovnen til 350 ° F. tilsett alle ingrediensene i en stor bolle og bland til alt er integrert.

a) Hell blandingen i muffinsformene med en spiseskje, og klapp ned toppen av hver enkelt. Stek til de er gjennomstekt og holder sammen ca 15-20 minutter.

23. PB og J Energibitt

INGREDIENSER:
- ½ kopp fløyelsmykt saltet peanøttsmør.
- ¼ kopp lønnesirup.
- 2 ss proteinpulver
- 1 ¼ kopp glutenfri havregryn.
- 2 ½ ss linfrømel.
- 2 ss chiafrø.
- ¼ kopp tørket frukt.

BRUKSANVISNING:

a) Til en stor miksebolle inkluderer du peanøttsmør, lønnesirup og proteinpulver, havregryn, linfrømel, chiafrø og tørket frukt. Hvis det er for tørt/smuldret, ta med mer peanøttsmør eller lønnesirup.

b) Avkjøl i kjøleskapet i 5 minutter. Øs ut 1 ½ ss mengder og rull til kuler. "Deigen" må gi ca 13-14 kuler.

c) Nyt umiddelbart og oppbevar godt forseglede rester i kjøleskapet i 1 uke eller i fryseren ca 1 måned.

24. Stekt gulrothummus

INGREDIENSER:
- 1 boks kikerter, skyllet og avrent.
- 3 gulrøtter.
- 1 fedd hvitløk.
- 1 ts paprika.
- 1 fylt spiseskje tahini.
- Saften av 1 sitron
- 2 ss ekstra virgin olivenolje.
- 6 ss vann.
- ½ ts spisskummen pulver.
- Salt etter smak.

BRUKSANVISNING:

a)   Forvarm ovnen til 400 ° F. Vask og skrell gulrøttene og skjær dem i små biter, legg dem på et stekebrett med en klatt olivenolje, en klype salt og en halv teskje paprika. Stek i ca 35 minutter til gulroten er myk.

b)   Ta dem ut av ovnen og avkjøl.

Mens de avkjøles, tilbered hummusen: vask og renn av kikertene godt og legg dem i en matmølle med resten av de aktive ingrediensene og prosedyre til du ser en godt blandet blanding. Tilsett så gulrøttene og hvitløken og prosedyren igjen!

25. Puffet quinoa bar

INGREDIENSER:
- 3 ss kokosolje.
- ½ kopp rå kakaopulver.
- ⅓ kopp lønnesirup.
- 1 ss tahini
- 1 ts kanel.
- 1 ts vaniljepulver.
- Sjøsalt.

BRUKSANVISNING:
a) I en liten panne over middels lav varme smelter du kokosolje, rå kakao, tahini, kanel, lønnehav, sirup og vaniljesalt sammen til det ender opp som en tykkere sjokoladeblanding.
b) Ha sjokoladesausen over den poppede quinoaen og bland godt. Hell en stor spiseskje av sjokoladecrispies i små bakebeger.
c) Sett dem i fryseren i minimum 20 minutter for å stivne. Oppbevar i fryseren og nyt!

26. Skallet edamame dip

INGREDIENSER:
- ½ kopp rødløk i skiver.
- Saft av 1 lime.
- Sjøsalt.
- En håndfull koriander.
- Tomater i terninger (valgfritt).
- Chiliflak.

BRUKSANVISNING:
a) Bare pulser løken i en blender i noen sekunder. Tilsett deretter resten av de aktive ingrediensene og puls til edamamen er blandet i store porsjoner.
b) Nyt som smørepålegg på toast, til sandwich, som dip eller som pestosaus!

27. Matcha cashew kopper

INGREDIENSER:
- ⅔ kopp kakaosmør
- 3/4 kopp kakaopulver
- ⅓ kopp lønnesirup
- ½ kopp cashew smør
- 2 ts matcha pulver
- Sjøsalt

BRUKSANVISNING:

a) Fyll en liten panne med ⅓ kopp vann og plasser en bolle på toppen som dekker pannen. Når bollen er varm, smelt kakaosmøret inne i bollen. Når den har smeltet, fjern fra varmen og rør inn lønnesirup og kakaopulver i et par minutter til sjokoladen tykner.

b) Bruk en mellomstor cupcakeholder og fyll det nederste laget med en sjenerøs spiseskje av sjokoladeblandingen.

c) Frys i 15 minutter for å stivne.

d) Ta den frosne sjokoladen ut av fryseren og hell 1 ss størrelse av matcha/cashewsmørdeigen på toppen av det frosne sjokoladelaget.

e) Dryss over havsalt og la dette stå i fryseren i 15 minutter.

28. **Kikertsjokoskiver**

INGREDIENSER:
- 400 g boks kikerter, skyllet, drenert
- 250 g mandelsmør
- 70 ml lønnesirup
- 15 ml vaniljepasta
- 1 klype salt
- 2 g bakepulver
- 2 g natron
- 40 g sjokoladebiter

BRUKSANVISNING:

a) Forvarm ovnen til 180°C/350°F.

b) Smør stor stekepanne med kokosolje.

c) Kombiner kikerter, mandelsmør, lønnesirup, vanilje, salt, bakepulver og natron i en matmikser.

d) Bland til jevn. Rør inn halvparten av sjokoladebitene fordel røren i den tilberedte bakeformen.

e) Dryss over reserverte sjokoladebiter.

f) Stek i 45-50 minutter eller til en tannpirker kommer ren ut.

g) Avkjøl på rist i 20 minutter. Skjær i skiver og server.

29. Søte grønne kaker

INGREDIENSER:
- 165 g grønne erter.
- 80 g hakkede medjool dadler.
- 60 g silketofu, most.
- 100 g mandelmel.
- 1 ts bakepulver.
- 12 mandler.

BRUKSANVISNING:
a) Forvarm ovnen til 180°C/350°F.
b) Kombiner erter og dadler i en foodprosessor.
c) Bearbeid til den tykke pastaen er dannet.
d) Ha erteblandingen over i en bolle. Rør inn tofu, mandelmel og bakepulver. Form blandingen til 12 kuler.
e) Plasser kulene på en stekeplate, kledd med bakepapir. Flat hver ball med oljet håndflate.
f) Legg en mandel i hver kake. Stek kakene i 25-30 minutter eller til de er forsiktig gyldne.
g) Avkjøl på rist før servering.

30. **Protein donuts**

INGREDIENSER:
- 85 g kokosmel.
- 110 g spiret brunrisproteinpulver med vaniljesmak.
- 25 g mandelmel.
- 50 g lønnesukker.
- 30 ml smeltet kokosolje.
- 8 g bakepulver.
- 115 ml soyamelk.
- ½ ts eplecidereddik.
- ½ ts vaniljepasta.
- ½ ts kanel.
- 30 ml økologisk eplemos.
- 30 g pulverisert kokossukker.
- 10 g kanel.

BRUKSANVISNING:
Kombiner alle de tørre ingrediensene i en bolle.

a) I en separat bolle, visp melken med eplesaus, kokosolje og cidereddik.

Bland de våte ingrediensene til det tørre og rør til det er godt blandet.

b) Forvarm ovnen til 180°C og smør en 10-hulls smultringpanne.

c) Hell den tilberedte røren i en smurt smultringform.

d) Stek smultringene i 15-20 minutter.

e) Mens smultringene fortsatt er varme, dryss over kokossukker og kanel. Serveres varm.

31. Honning-sesam tofu

INGREDIENSER:
- 12 gram ekstra fast tofu, drenert og klappet tørr.
- Olje eller matlagingsspray.
- 2 ss soyasaus med redusert natrium eller tamari.
- 3 fedd hvitløk, finhakket.
- 1 ss honning.
- 1 ss revet, skrelt fersk ingefær.
- 1 ts ristet sesamolje.
- 1 pund grønne bønner, trimmet.
- 2 ss olivenolje.
- ¼ ts rød pepperflak (valgfritt).
- Kosher salt.
- Nykvernet sort pepper.
- 1 middels løkløk, veldig fine skiver.
- ¼ ts sesamfrø.

BRUKSANVISNING:

a) Sett til side i 10 til 30 minutter. Visp soyasaus eller tamari, hvitløk, honning, ingefær og sesamolje sammen i en stor bolle; sette til side.

b) Skjær tofuen i trekanter og plasser den i et enkelt lag på den ene halvdelen av den tilberedte bakeplaten. Drypp med soyasausblandingen. Stek til de er gyldenbrune på bunnen, 12 til 13 minutter.

c) Snu tofuen. Legg de grønne bønnene i et enkelt lag på den andre halvdelen av bakeplaten. Drypp med olivenolje og spray med røde pepperflakene; smak til med salt og pepper.

d) Gå tilbake til ovnen og stek til tofuen er gyllenbrun på den andre siden, 10 til 12 minutter til. Dryss over løk og sesamfrø og server med en gang.

32. Maple pecan fett bombebarer

Gjør 12

INGREDIENSER:
- 2 kopper Pecan Halver
- 1 kopp mandelmel
- ½ kopp gyldent linfrømåltid
- ½ kopp usøtet strimlet kokosnøtt
- ½ kopp kokosolje
- ¼ kopp lønnesirup
- ¼ ts flytende stevia

BRUKSANVISNING:
a) Forvarm ovnen til 350 °F og stek pelikanhalvdelene i 5 minutter.
b) Ta pekannøttene ut av ovnen og legg dem i en plastpose. Knus dem med en kjevle for å lage biter.
I en miksebolle kombinerer du de tørre ingrediensene mandelmel, gyldent linfrømel og revet kokos og de knuste pekannøtter.
Tilsett kokosnøttolje lønnesirup og flytende stevia. Bland alle ingrediensene i en stor miksebolle til en smuldrete deig.
c) Legg deigen i en ildfast form og trykk den ned.
d) Stek i 15 minutter ved 350F, eller til sidene er forsiktig brune.
e) Bruk en slikkepott, skjær i 12 skiver og server.

33. Blomkål forretter

Gjør 8

INGREDIENSER:
- 14 gram blomkålbuketter, hakket
- 3 mellomstore stilker vårløk
- 3 gram strimlet hvit cheddar
- ½ kopp mandelmel
- ½ ts salt
- 3/4 ts pepper
- ½ ts rød pepperflak
- ½ ts estragon, tørket
- ¼ ts hvitløkspulver
- 3 ss olivenolje
- 2 ts Chiafrø

BRUKSANVISNING:
a) Forvarm ovnen til 400 grader Fahrenheit.
b) Kombiner blomkålbuketter, olivenolje, salt og pepper i en plastpose. Rist kraftig til blomkålen er jevnt dekket.
c) Hell blomkålbuketter på en bakeplate med folie. Stek i 5 minutter etter det.
d) Tilsett den stekte blomkålen i en foodprosessor og pulser et par ganger for å bryte den opp.
I en miksebolle blander du alle ingrediensene (mandelmel) til en klissete blanding dannes.
e) Lag karbonader av blomkålblandingen og legg dem i mandelmel.
f) Stek ved 400°F i 15 minutter, eller til utsiden er sprøere.
g) Ta den ut av ovnen, la den avkjøles litt før servering!

34. Seitan pizzakopper

Gjør 2

INGREDIENSER:
- 1 gram fullfett kremost
- 1 ½ kopper helmelk mozzarellaost
- 1 stort egg, pisket
- 1 kopp mandelmel
- 2 ss kokosmel
- ⅓ kopp pizzasaus
- ⅓ kopp revet cheddarost
- ½ pakke seitan eller ca 4 gram, i terninger

BRUKSANVISNING:
a) Forvarm ovnen til 400°F.
b) Kombiner kremosten og mozzarellaen i en stor mikrobølgeovnsikker bolle og stek i mikrobølgeovnen i 1 minutt, rør flere ganger.
c) Ha i det sammenpiskede egget og begge melene, og rør raskt til det dannes en ball. Elt for hånd til det er lett klissete.
d) Del deigen i 8 stykker. Legg et stykke mellom to ark med smurt bakepapir og kjevle ut med en kjevle.
e) Trykk hvert deigstykke i smurte muffinsformer for å danne små deigbeger.
f) Stek i 15 minutter eller til de er gyldenbrune.
g) Fjern fra ovnen og dryss hver med pizzasaus, cheddar og seitan. Sett tilbake i ovnen i fem minutter til osten smelter.
h) Ta ut av muffinsformene og server.

35. Grillet Seitan og grønnsakskabobs

Gir 4 porsjoner
INGREDIENSER:
- ⅓ kopp balsamicoeddik
- 2 ss olivenolje
- 1 ss fersk oregano
- 2 fedd hvitløk, finhakket
- ½ ts salt
- ¼ ts nykvernet sort pepper
- 1-kilos seitan, kuttet i 1-tommers terninger
- 7 gram små hvite sopp
- 2 små zucchinier, kuttet i 1-tommers biter
- 1 middels gul paprika, kuttet i firkanter
- Modne cherrytomater

BRUKSANVISNING:
a) Forbered grillen.
b) Kombiner eddik, olje, oregano, timian, hvitløk, salt og sort pepper i en middels miksebolle. Vend for å belegge seitan, sopp, zucchini, paprika og tomater.
c) Mariner i 30 minutter ved romtemperatur, snu av og til.
d) Hell av og sett til side seitan og grønnsaker, samt marinaden.
e) Sett sammen spydene med seitan, sopp og tomater.
f) Plasser spydene på en varm grill og stek i ca 10 minutter, vend en gang halvveis gjennom grillingen.
g) Drypp en liten mengde av den reserverte marinaden over toppen og server med en gang.

36. Quinoa muffins biter

Gjør 4

INGREDIENSER:
- 1 ½ kopper tilberedt quinoa
- 2 egg, vispet
- ½ kopp søtpotetpuré
- ½ kopp svarte bønner
- 1 ss hakket koriander
- 1 ts spisskummen
- 1 ts paprika
- ½ ts hvitløkspulver
- ½ ts salt
- ⅛ teskjeer svart pepper
- Matlagingsspray

BRUKSANVISNING:

a)   Forvarm ovnen til 350 grader Fahrenheit.
Kombiner alle ingrediensene i en stor miksebolle og rør til det er godt blandet.

b)   Bruk en spiseskje, ha blandingen i muffinsformene og klapp ned toppen av hver enkelt.

c)   Stek i 15-20 minutter, eller til de er gjennomstekt og fast.

37. PB og J Energibitt

Gir 13-14 kuler

INGREDIENSER:
- ½ kopp fløyelsmykt saltet peanøttsmør
- ¼ kopp lønnesirup
- 2 ss proteinpulver
- 1 ¼ kopp glutenfri havregryn
- 2 ½ ss linfrømel
- 2 ss chiafrø
- ¼ kopp tørket frukt

BRUKSANVISNING:

a) Kombiner peanøttsmør, lønnesirup, proteinpulver, havregryn, linfrømel, chiafrø og ønsket tørket frukt i en stor blandeskål.

b) Hvis blandingen er for tørr eller smuldrete, tilsett ekstra peanøttsmør eller lønnesirup.

c) Avkjøl i 5 minutter i kjøleskapet. Øs 1 ½ ss og rull til kuler. "Deigen" skal lage rundt 13-14 kuler.

d) Nyt med en gang, og oppbevar rester i en lufttett beholder i kjøleskapet i opptil en uke eller i fryseren i opptil en måned.

38. **Stekt gulrothummus**

Gjør 2
INGREDIENSER:
- 1 boks kikerter, skyllet og avrent
- 3 gulrøtter
- 1 fedd hvitløk
- 1 ts paprika
- 1 fylt spiseskje tahini
- Saften av 1 sitron
- 2 ss ekstra virgin olivenolje
- 6 ss vann
- ½ ts spisskummen pulver
- Salt etter smak

BRUKSANVISNING:
a) Forvarm ovnen til 400 grader Fahrenheit.
b) Vask og skrell gulrøttene, skjær dem deretter i små biter og legg dem på en ildfast form med olivenolje, et snev av salt og en halv teskje paprika.
c) Stek i 35 minutter, eller til gulrøttene er møre.
d) Ta dem ut av ovnen og sett dem til avkjøling.
e) Tilbered hummusen mens de avkjøles: Vask og tøm kikertene grundig før du legger dem i en matmølle med resten av de aktive komponentene. Bearbeid til du har en godt blandet blanding.
f) Etter det, tilsett gulrøtter og hvitløk og gjenta prosedyren!

39. **Matcha cashew kopper**

Gjør 6

INGREDIENSER:
- ⅔ kopp kakaosmør, smeltet
- 3/4 kopp kakaopulver
- ⅓ kopp lønnesirup
- ½ kopp cashew smør
- 2 ts matcha pulver
- Sjøsalt

BRUKSANVISNING:

a) I en miksebolle smelter du kakaosmøret og rører inn lønnesirup og kakaopulver.

b) Ha en god spiseskje av sjokoladeblandingen i det nederste laget i en middels stor cupcakeholder.

c) Sett cupcakeholderne i fryseren i 15 minutter for å stivne.

d) Ta det frosne sjokoladelaget ut av fryseren og hell 1 skje av matcha/cashew smørdeigen på toppen.

e) Så snart dette er fullført, hell den resterende smeltede sjokoladen over hver klatt og dekker alt.

f) Dryss over havsaltet.

g) Sett i fryseren i 15 minutter.

40. **Honning-sesam tofu**

Gjør 12
INGREDIENSER:
- 12 gram fast tofu, drenert og klappet tørr
- Olje eller matlagingsspray
- 2 ss soyasaus med redusert natrium
- 3 fedd hvitløk, finhakket
- 1 ss honning
- 1 ss revet, skrelt fersk ingefær
- 1 ts ristet sesamolje
- 1 pund grønne bønner, trimmet
- 2 ss olivenolje
- ¼ ts røde pepperflak (valgfritt)
- Kosher salt
- Nykvernet sort pepper
- 1 middels løkløk, veldig fine skiver
- ¼ ts sesamfrø

BRUKSANVISNING:
a) I en stor miksebolle kombinerer du soyasaus, hvitløk, honning, ingefær og sesamolje; legge til side.
b) Skjær tofuen i trekanter og legg den i et enkelt lag på den ene siden av bakeplaten som er forberedt.
c) Drypp soyasausblandingen over toppen.
d) Stek i 12 til 13 minutter, eller til de er gyldenbrune på bunnen.
e) Flytt tofuen rundt.
f) På den andre halvdelen av bakeplaten legger du de grønne bønnene i et enkelt lag. Smak til med salt og pepper etter å ha dryppet med olivenolje og sprayet med røde pepperflak.
g) Sett tilbake i ovnen og stek i ytterligere 10 til 12 minutter, eller til tofuen er gyllenbrun på den andre siden.
h) Server umiddelbart med et dryss løk og sesamfrø.

HOVEDRETT

41. Shiitake og ost burgergryte

Gir 6 porsjoner
INGREDIENSER:
- 1 lb. Malt seitan
- 4 gram Shiitake-sopp, i skiver
- ½ kopp mandelmel
- 3 kopper hakket blomkål
- 1 ss Chiafrø
- ½ ts hvitløkspulver
- ½ ts Løkpulver
- 2 ss redusert sukker
- Ketchup
- 1 ss dijonsennep
- 2 ss majones
- 4 gram cheddarost
- Salt og pepper etter smak

BRUKSANVISNING:

a) Forvarm ovnen til 350 grader Fahrenheit.
Kombiner alle ingrediensene og halvparten av cheddarosten i en stor miksebolle.

b) Hell blandingen i en bakepapirkledd 9x9 bakeplate. Dryss deretter den resterende halvdelen av cheddarosten på toppen.

c) Stek i 20 minutter på øverste rille.

d) Server med ekstra pålegg etter oppskjæring.

42. Bakt Jambalaya-gryte

Gir 4 porsjoner

INGREDIENSER:
- 10 gram tempeh
- 2 ss olivenolje
- 1 middels gul løk, hakket
- 1 middels grønn paprika, hakket
- 2 fedd hvitløk, finhakket
- 1 (28 unse) boks tomater i terninger, udrenerte
- ½ kopp hvit ris
- 1 ½ dl grønnsaksbuljong
- 1 ½ kopper kokte eller 1 (15,5 unse) boks mørkerøde kidneybønner, drenert og skylt
- 1 ss hakket fersk persille
- 1½ ts Cajun-krydder
- 1 ts tørket timian
- ½ ts salt
- ¼ ts nykvernet sort pepper

BRUKSANVISNING:

a)   Forvarm ovnen til 350 grader Fahrenheit.

b)   Kok tempen i 30 minutter i en middels gryte med kokende vann. Tøm vannet og tørk det. Del i ½-tommers terninger.

c)   Varm 1 ss olje i en stor panne på middels varme. Stek tempeen i 8 minutter, eller til tempen er brunet på begge sider. Plasser tempeen i en 9 x 13-tommers bakebolle for å avkjøles.

d)   Varm opp de resterende 1 ss olje i samme panne over middels varme. Kombiner løk, paprika og hvitløk i en miksebolle. Kok, dekket, i ca 7 minutter, eller til grønnsakene er myke.

e)   Kast grønnsaksblandingen med tempeen i bakebollen.

f)   Tilsett tomater, væske, ris, buljong, kidneybønner, persille, Cajun-krydder, timian, salt og sort pepper. Bland grundig, dekk deretter godt og stek i 1 time, eller til risen er myk. Server med en gang.

43. Aubergine og Tempeh-fylt pasta

Gir 4 porsjoner

INGREDIENSER:
- 8 gram tempeh
- 1 middels aubergine
- 12 store pastaskall
- 1 hvitløksfedd, most
- ¼ teskje malt kajennepeper
- Salt og nykvernet sort pepper
- Tørk ukrydret brødsmuler
- 3 kopper marinara saus

BRUKSANVISNING:

a) Forvarm ovnen til 450 grader Fahrenheit.

b) Kok tempen i 30 minutter i en middels gryte med kokende vann. Hell av vannet og sett det til avkjøling.

c) Prikk auberginen med en gaffel og stek til de er møre, ca 45 minutter på en lett smurt langpanne.

d) Kok pastaskjellene i en kjele med kokende saltet vann til de er al dente, ca. 7 minutter, mens auberginen steker. Tøm vannet og skyll det under kaldt vann.

e) Ta auberginen ut av ovnen, del den i to på langs, og tøm eventuell væske.

f) Reduser ovnstemperaturen til 350 grader Fahrenheit.

g) Bearbeid hvitløken i en foodprosessor til den er finknust. Puls inn tempeen til den er grovmalt.

h) Skrap auberginemassen fra skallet og kombiner den med tempeh og hvitløk i en foodprosessor. Ha i cayenne, smak til med salt og pepper, og puls for å blande. Tilsett litt brødsmuler hvis fyllet er for løst.

i) I den tilberedte bakebollen, fordel et lag med tomatsaus på bunnen. Fyll skjellene med fyllet til de er helt fulle.

j) Hell resten av sausen over og rundt skjellene, og legg dem så på toppen av sausen.

k) Dekk til med folie og stek i 30 minutter.

l) Avdekke, dryss over parmesan og stek i ytterligere 10 minutter. Server med en gang.

44. <u>**Bean Curd med bønnesaus og nudler**</u>

Gjør 4
INGREDIENSER:
- 8 gram ferske nudler i Peking-stil
- 1 12-unse blokkfast tofu
- 3 store stilker bok choy OG 2 grønne løk
- ⅓ kopp mørk soyasaus
- 2 ss svart bønnesaus
- 2 ts kinesisk risvin eller tørr sherry
- 2 ts svart riseddik
- ¼ teskje salt
- ¼ ts chilipasta med hvitløk
- 1 ts Hot Chili Oil
- ¼ ts sesamolje
- ½ kopp vann
- 2 ss olje til steking
- 2 skiver ingefær, finhakket
- 2 fedd hvitløk, finhakket
- ¼ av en rødløk, hakket

BRUKSANVISNING:
a) Kok opp nudlene og kok til de er møre. Tøm vannet helt. Skjær tofuen i terninger.
b) Kok bok choyen ved å senke den i kokende vann i noen sekunder og tømme den helt.
c) Kombiner mørk soyasaus, svart bønnesaus, Konjac risvin, svart riseddik, salt, chilipasta med hvitløk, Hot Chili Oil, sesamolje og vann i en stor miksebolle.
d) Varm oljen i en wok eller panne som er forvarmet. Tilsett ingefær, hvitløk og grønn løk til den oppvarmede oljen. Stek i noen minutter, til dufter. Tilsett rødløken og stek kort. Skyv opp til sidene og tilsett bok choy-stilkene.
e) Rør inn bladene til bok choyen er strålende grønn og løken er myk.
f) Kok opp sausen midt i kjelen. Ha i tofuen. La tofuen trekke til seg sausen ved å putre i noen minutter. Ha i nudlene.
g) Kombiner alt og server umiddelbart.

45. <u>Tofu i Cajun-stil</u>

Gir 4 porsjoner

INGREDIENSER:
- 1-kilos ekstra fast tofu, drenert og klappet tørr
- Salt
- 1 ss pluss 1 ts Cajun-krydder
- 2 ss olivenolje
- ¼ kopp hakket grønn paprika
- 1 ss hakket selleri
- 2 ss hakket grønn løk
- 2 fedd hvitløk, finhakket
- 1 (14,5 unse) boks tomater i terninger, drenert
- 1 ss soyasaus
- 1 ss finhakket fersk persille

BRUKSANVISNING:

a) Skjær tofuen i ½-tommers tykke skiver og krydre med salt og 1 ss Cajun-krydder på hver side.

b) Varm 1 ss olje i en liten kjele på middels varme. Tilsett selleri og paprika.

c) Kok i 5 minutter.

d) Tilsett tomater, soyasaus, persille og de resterende 1 ts Cajun krydderblandingen, samt salt og pepper etter smak. Sett til side etter koking i 10 minutter.

e) Varm opp den resterende 1 ss olje i en stor stekepanne over middels høy varme. Kok tofuen i 10 minutter, eller til tofuen er brunet på begge sider. Kok i 5 minutter etter tilsetning av sausen.

f) Server med en gang

46. Zucchininudler med parmesan

Gjør 2

INGREDIENSER:
- 2 mellomstore zucchini
- 2 ss smør
- 3 store fedd hvitløk, finhakket
- 3/4 kopp parmesanost
- ¼ ts røde chiliflak

BRUKSANVISNING:
a) Skjær squash i spiraler eller nudler ved hjelp av grønnsaksspiralisatoren eller julienneskrelleren. Sett nudler til side.
b) Varm en stor panne på middels høy varme. Smelt smør, tilsett deretter hvitløk. Kok hvitløken til den dufter og er gjennomsiktig, ca 30 sekunder.
c) Tilsett zucchininudler og kok til de er møre, ca 3-5 minutter.
d) Ta kjelen av varmen, tilsett parmesanost og smak til med salt og pepper.
e) Tilsett chiliflak og server deretter varm.

47. Quinoa kikert Buddha bolle

Gjør 2

INGREDIENSER:
KIKERTER:
- 1 kopp tørre kikerter.
- ½ ts havsalt.

QUINOA:
- 1 ss olivenolje, druefrø- eller avokadoolje (eller kokosnøtt).
- 1 kopp hvit quinoa (godt skylt).
- 1 3/4 kopp vann.
- 1 sunn klype havsalt.

KÅL:
- 1 stor pakke grønnkål

TAHINI SAUS:
- ½ kopp tahini.
- ¼ ts havsalt.
- ¼ ts hvitløkspulver.
- ¼ kopp vann.

TIL SERVERING:
- Fersk sitronsaft.

BRUKSANVISNING:

a)   Bløtlegg kikerter over natten i kaldt vann eller bruk hurtigbløtleggingsmetoden: Legg skyllede kikerter i en stor gryte og dekk til med 2 tommer vann. Tøm, skyll og legg tilbake til kjelen.

b)   For å koke bløtlagte kikerter, legg til en stor gryte og dekk til med 2 tommer vann. Gi et oppkok over høy varme, reduser deretter varmen til en la det småkoke, tilsett salt og rør om, og kok uten lokk i 40 minutter - 1 time og 20 minutter.

c)   Prøv en bønne ved 40-minutters-merket for å se hvor møre de er. Så snart de er tilberedt, tøm bønner og sett til side og dryss med litt mer salt.

d)   Forbered dressingen ved å inkludere tahini, havsalt og hvitløkspulver i en liten miksebolle og visp for å integrere. Tilsett deretter vann litt om gangen til det danner en hellbar saus.

e)   Tilsett ½-tommers vann i en middels panne og la det småkoke over middels varme. Fjern grønnkålen øyeblikkelig fra varmen og overfør til en liten tallerken for servering.

48. Sticky tofu med nudler

INGREDIENSER:
- ½ stor agurk.
- 100 ml ris rødvinseddik.
- 2 ss gyllent melis.
- 100 ml vegetabilsk olje.
- 200 g pakke firmatofu, kuttet i 3 cm terninger.
- 2 ss lønnesirup.
- 4 ss brun eller hvit misopasta.
- 30 g hvite sesamfrø.
- 250 g tørkede sobanudler.
- 2 vårløk, strimlet, til servering.

BRUKSANVISNING:
a) Bruk en skreller og skjær tynne bånd av agurken, og la frøene ligge igjen. Legg båndene i en bolle og sett til side. Varm forsiktig eddik, sukker, ¼ ts salt og 100 ml vann i en panne på middels varme i 3-5 minutter til sukkeret blir flytende, hell deretter over agurkene og la det syltes i kjøleskapet mens du forbereder tofuen.
b) Varm opp alt unntatt 1 ss olje i en stor stekepanne med ikke-klebende stekepanne over middels varme til bobler begynner å stige til overflaten. Ha med tofuen og stek i 7-10 minutter.
c) Bland sammen honning og miso i en liten bolle. Fordel sesamfrøene på en tallerken. Pensle den stekte tofuen med den klissete honningsausen og sett til side eventuelle rester. Ha tofuen jevnt inn i frøene, dryss over litt salt og la stå på et lunt sted.
d) Forbered nudlene og bland med resten av oljen, den resterende sausen og 1 ss agurk-syltevæske. Kok i 3 minutter til den er gjennomvarm.

49. Grillet makrell med appelsingremolatadressing

Serverer 4

INGREDIENSER:
- 4 makrellfileter, skinn på
- Olivenolje, til grilling
- Saft av 1 liten appelsin
- 4 rosmarinkvister, delt i to
- Til appelsingremolatadressingen
- 100 ml olivenolje
- 2 fedd hvitløk, skrellet og finhakket
- Skal og saft av 1 liten appelsin
- 2 ss grovhakket flatbladpersille
- Havsalt og nykvernet sort pepper

bruksanvisning:
a) Forvarm grillen til middels høy. Kle grillpannen med folie. For å lage appelsingremolatadressingen, legg alle ingrediensene til den i en bolle og smak til med salt og pepper. Bland godt og legg deretter til siden.
b) Bruk en skarp kniv, skjær skinnet på makrellfiletene, og legg dem deretter på den forberedte grillpannen med skinnsiden ned. Drypp olivenolje over hver av filetene, tilsett en skvis appelsinjuice og strø rosmarinkvistene på toppen.
c) Sett pannen under grillen og stek fisken i 1–2 minutter før du snur den og steker i ytterligere 4–5 minutter, eller til skinnet er sprøtt og kjøttet er ugjennomsiktig.
d) Ha fisken over på et fat og skje over gremolatadressingen, før servering med en stor grønn salat og massevis av varmt brød.

50. Malaysisk fisk og okra karri

Serverer 4

INGREDIENSER:
- 2 ss vegetabilsk olje
- 1 løk, skrelt og finhakket
- 3 fedd hvitløk, skrellet og finhakket
- 3 cm stykke fersk rot ingefær, skrelt og finrevet
- 1 lang rød chili, uten frø om du vil ha en mildere hit, finhakket
- 1 ts thailandsk rekepasta
- 1 hopet ts malt gurkemeie
- 2 tomater, grovhakkede 250ml fiskekraft
- 400 ml kokoskrem
- 1 kaffir limeblad
- 2 ts sitrongresspasta
- 1 ts kokospalmesukker
- 1 ss tamarindpasta
- 650 g breiflabbfileter
- 200 g okra
- 2 ss hakket koriander

bruksanvisning:

a) Plasser en stor, non-stick sautépanne over middels høy varme og tilsett oljen. Når den er varm, tilsett løken og stek i 2–3 minutter, eller til den er myk.

b) Tilsett hvitløk, ingefær og chili, og stek i 2 minutter før du tilsetter rekepasta og gurkemeie.

c) Rør i 1 minutt, eller til dufter, tilsett deretter tomater, fiskekraft, kokoskrem, kaffirlimeblad, sitrongresspasta, palmesukker og tamarindpasta. Rør godt, kok opp og la det småkoke i 10–12 minutter.

d) Skjær i mellomtiden breiflabben i 3–5 cm biter. Kutt okraen og skjær hver i to i vinkel.

e) Tilsett okraen i pannen og stek i 2 minutter, tilsett deretter breiflabben og stek i ytterligere 5–6 minutter, eller til den er gjennomstekt.

f) Ta kjelen av varmen, rør inn koriander og server i boller med basmatiris eller aromatisk safranpilaf.

51. Tunfiskbiff med konservert sitroncouscous

Serverer 2

INGREDIENSER:
- 2 x 200 g tunfiskbiff
- 1 ss olivenolje
- Til den konserverte sitroncouscousen
- 100 g couscous
- En klype safran
- ½ konservert sitron, finhakket
- 150 ml grønnsakskraft
- ¼ agurk
- 2 ss korianderblader
- 2 ss mynteblader
- 1 x 400g boks med kikerter, avrent og skylt
- 2 ss ekstra virgin olivenolje
- Sitronsaft, etter smak
- Havsalt og nykvernet sort pepper
- Å servere
- ½ ts sumak
- Sitronskiver

bruksanvisning:
a) Ha couscousen i en varmefast bolle. Bruk en morter og mal safran til et pulver, og legg deretter i en liten kjele med den konserverte sitron- og grønnsakskraften. Kok opp og hell over couscousen. Rør godt, dekk bollen med matfilm og la stå i 5–10 minutter.
b) I mellomtiden finhakker du agurken og grovhakker urtene.
c) Ta av couscousen og luft den opp med en gaffel. Tilsett agurk, urter, kikerter, extra virgin olivenolje og litt sitronsaft. Bland godt og smak til med salt og pepper. Sette til side.
d) Plasser en stor stekepanne med ikke-klebende stekepanne over middels høy varme. Drypp tunfiskbiffene med olivenolje og krydre begge sider med salt og pepper. Når pannen er rykende varm, tilsett tunfisken og stek i 2 minutter på hver side.
e) Hell couscousen på tallerkener og legg tunfisken på toppen. Dryss hver tallerken med sumac og server med sitronbåter og en grønn salat.

52. Bakt brasmer med fennikel, gulrot og sitron

Serverer 2

INGREDIENSER:
- 1 stor gulrot
- 2 babyfennikelløker
- 2 ss olivenolje
- Skal og saft av 1 sitron
- 2 x 120g brasmefileter
- 1 ts fennikelpollen (valgfritt)
- Havsalt og nykvernet sort pepper

bruksanvisning:
a) Forvarm ovnen til 200°C/180°C vifte/gass 6.
b) Klipp to stykker bakepapir ca 35 x 40 cm, og brett hver i to på langs.
c) Skrell gulroten og bruk en mandolin eller grønnsaksskreller til å skjære i fine bånd. Kutt fennikelen, ta vare på eventuelle blader, og skjær løken i fine skiver i bånd.
d) Del grønnsakene mellom de to stykkene bakepapir, legg dem til høyre for bretten. Hell over en spiseskje olje, og dryss deretter over eventuelle reserverte blader og sitronskall.
e) Bruk en skarp kniv til å rive brasmeskinnet, og legg deretter en fiskefilet oppå grønnsakene med skinnsiden opp, og smak til med salt og pepper. Press sitronsaften over hver filet, og dryss deretter over fennikelpollen (hvis du bruker).
f) Brett bakepapiret over fisken og forsegl langkantene sammen ved å brette dem over hverandre. Vri endene og stikk dem under. Legg pakkene på et stekebrett og sett på øverste rille i ovnen i 8–10 minutter, eller til fisken er gjennomstekt.
g) Server brasmen i papirposene med nye poteter og en grønn salat.

53. Hvitløk og chili reker

Serverer 2

INGREDIENSER:
- 4 ss olivenolje
- 6 fedd hvitløk, skrellet og finhakket
- 1 rød chili, uten frø om du vil ha en mildere hit, finhakket
- En klype chiliflak (valgfritt)
- 600g rå tigerreker
- 80 ml manzanilla sherry
- 1 ts tomatpuré
- 200 g cherrytomater, delt i kvarte
- 25 g smør, kuttet i 1 cm terninger
- 2 ss hakket flatbladpersille
- Havsalt og nykvernet sort pepper

bruksanvisning:
a) Plasser en stor stekepanne over middels høy varme og tilsett oljen. Når den er varm, tilsett hvitløk, chili og chiliflak (hvis du bruker), og rør forsiktig i 1 minutt.
b) Tilsett rekene og stek til de er rosa på den ene siden. Snu hver av rekene og tilsett sherry, tomatpuré og cherrytomater. Stek i 1–2 minutter, eller til rekene er rosa over det hele, og overfør deretter rekene til en tallerken. Fortsett å koke blandingen i pannen i 2–3 minutter til, til tomatene har blitt myke.
c) Ha rekene tilbake i pannen, rør inn smør og persille og smak til. Server med en grønn salat og litt crusty brød for å tørke opp den deilige sausen.

54. Bakt havabbor i kinesisk stil

Serverer 2
INGREDIENSER:
- 4 baby pak choi, delt i to på langs
- 125 g fine grønne bønner, trimmet
- 100g babymais, større halvert på langs
- 2 x 180g havabborfileter, skinn på
- 5 cm stykke fersk rot ingefær, skrellet og julienert
- 2 fedd hvitløk, skrelt og finskåret
- 1 lang rød chili, uten frø om du vil ha en mildere hit, finskåret
- ½ ts maismel
- 2 ss soyasaus
- 1 ss østerssaus
- 1 ss sesamolje, pluss ekstra til servering
- 4 ss Shaoxing risvin
- En klype kvernet hvit pepper
- Jasminris, til servering

bruksanvisning:

a) Forvarm ovnen til 220°C/200°C vifte/gass 7.

b) Klipp to stykker bakepapir ca 35 x 40 cm, og brett hver i to på langs. Legg pak choi til høyre for hver fold. Legg bønnene på toppen, og legg deretter maisen på toppen av bønnene.

c) Skjær hver havabborfilet i to på midten og legg to halvdeler, litt overlappende, oppå grønnsakene.

d) Dryss ingefær, hvitløk og chili over fisken.

e) Ha maismelet i en bolle med soyasausen og bland til det er godt blandet. Tilsett østerssaus, sesamolje, risvin og hvit pepper og bland igjen. Hell blandingen over fisken.

f) Brett bakepapiret over fisken og forsegl kantene sammen ved å brette dem over hverandre. Vri endene og stikk dem under. Legg pakkene på et stekebrett og sett på øverste hylle i ovnen i 15 minutter.

g) Legg pakkene på to serveringsfat, åpne dem og drypp over litt ekstra sesamolje før du serverer med jasminris.

55. Salt og rosa pepper reker med lime majones

Serverer 4

INGREDIENSER:
- 1 ss rosa pepperkorn
- ½ ts havsalt
- Skal og saft av 2 lime
- 3 ss olivenolje
- 500 g rå, pillede kongereker
- 1 ss grovhakket koriander
- Til limemajonesen
- 100 g majones
- Saft av 1 lime

bruksanvisning:
a) Bruk en morter og mal pepperkornene og saltet til et grovt pulver.
b) Ha limeskall og saft i en stor bolle, og rør deretter inn olivenolje og rosa pepperblanding.
c) Tilsett rekene og bruk rene hender og vend forsiktig til de er godt belagt.
d) Bland majones og limejuice sammen i en liten bolle.
e) Plasser en stor stekepanne med ikke-klebende stekepanne over middels høy varme, og tilsett rekene når de er veldig varme. Stek i 2–3 minutter, rør jevnlig, til alle rekene er rosa og gjennomstekt.
f) Ha rekene over på et fat, strø over koriander og server umiddelbart med limemajones og en stor grønn salat.

56. Stekt Hake med safranmajones

Serverer 4

INGREDIENSER:
- 300g Mør stilkbrokkoli
- 4 x 200 g hakefileter, flådd og stiftbenet
- 1 ss timianblader
- 2 ss ekstra virgin olivenolje
- Skal og saft av ½ appelsin
- 1 sitron, kuttet i terninger
- Til safranmajonesen
- En klype safran
- 1 ss kokende vann
- 2 eggeplommer
- 2 små hvitløksfedd, skrellet og knust
- 1 ss dijonsennep
- 80 ml olivenolje
- 80 ml vegetabilsk olje
- Sitronsaft, etter smak
- Havsalt og nykvernet sort pepper

bruksanvisning:

a) Forvarm ovnen til 200°C/180°C vifte/gass 6.

b) Bruk en morter til å male safran til et pulver, tilsett deretter det kokende vannet og la stå.

c) Legg brokkolien i et stort stekebrett og legg hakefiletene på toppen med skinnsiden ned. Dryss over timian, salt og pepper, og drypp deretter over olivenolje. Tilsett litt appelsinskall på hvert stykke kumule.

d) Sett brettet i ovnen på høy rille i 10–15 minutter, eller til fisken er gjennomstekt og brokkolien er litt forkullet.

e) I mellomtiden lager du majonesen. Ha eggeplommer, hvitløk og sennep i en bolle. Visp godt, og hell deretter de to oljene i bollen i en svak stråle mens du visper hele tiden. Tilsett safranvannet og litt salt og pepper og visp igjen. Tilsett sitronsaft etter smak.

f) Ta haken ut av ovnen og skvis over appelsinjuicen. La hvile i 2–3 minutter, og server deretter med en stor klatt safranmajones og en sitronskive på hver tallerken.

57. Safran Kylling Flatbrød med Minted Yoghurt

Serverer 2

INGREDIENSER:
- En klype safran
- 1 ss kokende vann
- 500 g benfri, skinnfri kyllinglår
- 2 fedd hvitløk, skrelt og knust
- 1 ts timianblader
- Skal av 1 sitron
- 4 ss gresk yoghurt
- 1 rødløk, skrelt og kuttet i 8 skiver
- 2 flatbrød
- 2 store håndfuller blandede salatblader
- 140 g cherrytomater, halvert
- 2 ss sprø stekt løk (tilgjengelig fra supermarkeder), TIL SERVERING (VALGFRI)
- Til mynteyoghurten
- 150 g gresk yoghurt
- Liten håndfull mynteblader, finhakket
- Sitronsaft, etter smak

BRUKSANVISNING:
a) Bløtlegg 4 bambusspyd i vann i minst 30 minutter. Forvarm ovnen til 240°C/220°C vifte/gass 9.
b) Bruk en morter til å male safran til et pulver, dekk deretter med kokende vann og la stå.
c) Skjær kyllingen i 5 cm biter og legg i en bolle med hvitløk, timian, sitronskall og yoghurt. Smak til med salt og pepper, tilsett safranvannet og bland godt.
d) Tre kyllingbitene på spydene, vekselvis med rødløken. Legg på et ildfast stekebrett og sett på høy plate i ovnen i 12 minutter.
e) I mellomtiden lager du mynteyoghurten. Bland yoghurten med mynten, tilsett sitronsaft etter smak og smak til med litt salt og pepper. Sett til side til det trengs.

f) Legg flatbrødene på et stekebrett og sett nederst i ovnen for å varme seg i noen minutter.

g) Forvarm grillen. Når kyllingen har stekt i 12 minutter, legg den under grillen og stek i ytterligere 3–4 minutter til den er gyldenbrun og gjennomstekt.

h) Legg flatbrødene på tallerkener og fordel litt av mynteyoghurten på midten. Tilsett en håndfull av salatbladene til hver og del tomatene mellom dem. Legg de kokte spydene på toppen og dryss over stekt løk til servering.

58. Marokkansk kyllingbrettbake

Serverer 4

INGREDIENSER:
- 200 g babygulrøtter
- 2 rødløk, skrelt og hver kuttet i 8 skiver
- 2 ss olivenolje
- 2 ss ras-el-hanout
- 200 ml kyllingkraft
- 150 g couscous
- 4 kyllingbryst, skinn på
- 2 squashretter
- 1 x 400g boks med kikerter, avrent og skylt
- 50 ml vann
- 4 ss hakket koriander
- Sitronsaft, etter smak
- 15 g nibbede pistasjnøtter, grovhakket
- Havsalt og nykvernet sort pepper
- Roseblader, til servering (valgfritt)

Forvarm ovnen til 220°C/200°C vifte/gass 7.

BRUKSANVISNING:
a) Vask babygulrøttene, del eventuelle større i to på langs. Legg i et stort stekebrett med løken. Drypp med 1 ss olivenolje og dryss over 1 ss ras-el-hanout til det er jevnt belagt. Sett i ovnen i 10 minutter.
b) Hell kyllingkraften i en liten panne, sett over middels høy varme og kok opp. Ha couscousen i en bolle med litt salt og pepper. Hell den varme kraften over, dekk med matfilm og sett til side for å absorbere væsken.
c) Skjær kyllingskinnet med en skarp kniv, krydre med salt og pepper og dryss over ½ ss ras-el-hanout.
d) Skjær hver squash i kvarte på langs og deretter i 5 cm lengder, og dryss deretter med den resterende ½ ss ras-el-hanout. Ta brettet ut av ovnen og tilsett squash og kikerter. Legg

kyllingbrystene på toppen og drypp med den resterende spiseskjeen olivenolje. Tilsett vannet i bunnen av pannen og sett tilbake til ovnen på høy hylle i 15 minutter.

e) I mellomtiden fjerner du couscousen og lufter den opp med en gaffel. Rør inn koriander, tilsett deretter sitronsaft og salt og pepper etter smak.

f) Ta stekebrettet ut av ovnen og dryss over pistasjnøtter og roseblader (hvis du bruker). Ta med til bordet og server rett fra brettet.

59. Buffalo Chicken og Blue Cheese Dressing

Serverer 2

INGREDIENSER:
- 8 minifileter av kylling
- 300 ml kjernemelk
- 1½ ts hvitløksgranulat
- 1½ ts løkpulver
- 1 ts tørket timian ½ ts kajennepepper
- Vegetabilsk olje, til steking
- 150 g vanlig mel
- 80 ml Red-hot Wings Saus
- Havsalt og nykvernet sort pepper
- Til dressingen
- 50 g gresk yoghurt
- 50 g rømme
- 1 ss majones
- 35 g blåmuggost, smuldret
- Skvis av sitronsaft
- 2 dl Worcestershire saus
- Å servere
- Selleripinner
- Små perle salatblader

bruksanvisning:
a) Forvarm ovnen til 140°C/120°C vifte/gass 1.
b) Ha kyllingen i en bolle med kjernemelk, hvitløksgranulat, løkpulver, timian, cayennepepper og litt salt og pepper. Bland godt.
c) Varm en tredjedel dybde med olje i en stor panne til 190°C, eller til en brødterning blir brun på 25 sekunder.
I mellomtiden blander du alle ingrediensene til dressingen sammen. Krydre etter smak.
d) Ha melet i en grunne bolle, tilsett litt salt og pepper og bland godt. Ta en minifilet ut av marinaden, ha så mye kjernemelk på

den som mulig, og ha på melet. Ha over på en tallerken mens du gjentar dette trinnet med 3 fileter til.

e) Når oljen har nådd temperatur, tilsett forsiktig de belagte filetene og stek i 4–5 minutter, eller til den er dyp gyldenbrun og gjennomstekt. Hell av på kjøkkenpapir, ha over på et stekebrett og sett inn i ovnen for å holde seg varm.

f) Mel de resterende kyllingfiletene mens du bringer oljen opp igjen til temperatur. Når den er varm nok, tilsett filetene forsiktig og stek i 4–5 minutter. La de renne av på kjøkkenpapir, og hold dem varme sammen med de andre filetene.

g) Hell Red Hot Wings-sausen og blåmuggostdressingen i serveringsboller, og server sammen med kyllingen med stangselleri og salat.

60. <u>Vill hvitløk kalkun Kievs</u>

Serverer 2

INGREDIENSER:
- 100 g smør, myknet
- 2 ss grovhakket estragon
- Skal av ½ sitron
- 2 små hvitløksfedd, skrellet og knust
- Stor håndfull vill hvitløk, grovhakket
- 1 egg
- 50 g vanlig mel
- 50 ml melk
- 75 g panko brødsmuler
- 1 ss finhakket flatbladpersille eller dill
- 4 x 100 g kalkun escalope
- 150 g fine grønne bønner, trimmet
- Vegetabilsk olje, til steking
- Havsalt og nykvernet sort pepper

bruksanvisning:
a) Ha smør, estragon, sitronskall, hvitløk og villhvitløk i en liten kjøkkenmaskin. Smak til med litt salt og pepper og bland til det er godt blandet.
b) Ha egg, mel og melk i en grunn bolle og visp sammen til en røre.
c) Bland panko-brødsmulene med persillen i en annen grunn bolle.
d) Legg 2 av escalope på et stykke matfilm slik at de er litt overlappende. Vask dem lett med en kjevle for å feste dem sammen og for å gjøre kjøttet jevnt tykt.
e) Ha halvparten av villhvitløkssmøret på den ene halvdelen av den sammenføyde escalope, og la en 1,5 cm kant rundt den. Fordel litt røre hele veien rundt kantene, brett deretter escalopen over hvitløkssmøret og trykk ned for å tette godt. Gjenta trinn 4 og 5 med den gjenværende eskalopen.

f) Dypp hver Kiev i røren, pass på at de er jevnt belagt, og dekk deretter til panko-brødsmulene. Sett dem i kjøleskapet i 5 minutter.

g) I mellomtiden koker du de grønne bønnene i saltet kokende vann til de er møre. Tøm og hold varmt til det trengs.

h) Sett en stekepanne på middels høy varme og tilsett 2 cm dybde med olje. Når de er varme, legg hver Kiev forsiktig i oljen og stek i 3–4 minutter på hver side, eller til de er dypt gylne og gjennomstekt. Hell av på kjøkkenpapir og server umiddelbart med de grønne bønnene.

61. Ingefærkylling i kinesisk stil med hvitløksris

Serverer 4

INGREDIENSER:
- 4 kyllingbryst, skinn på
- 4 cm stykke fersk rot ingefær, skrelt og julienert
- 6 vårløk - 4 trimmet og delt i to; 2, kun grønn del, finskåret, til servering
- 500 ml kyllingkraft
- 2 ss Shaoxing risvin
- 1 ss lett soyasaus Havsalt
- Til hvitløksrisen
- 260 g sjasminris
- 1 ss vegetabilsk olje
- 1 ss sesamolje
- 3 store hvitløksfedd, skrellet og finhakket
- 500 ml kyllingkraft Klype kvernet hvit pepper

bruksanvisning:
a) Forvarm ovnen til 200°C/180°C vifte/gass 6.
b) Fjern skinnet fra kyllingbrystene og skrap av overflødig fett med en skarp kniv. Krydre begge sider av skinnet med salt og legg på et stekebrett. Legg et annet stekebrett på toppen for å holde skinnet flatt og sett i ovnen i 12–15 minutter, eller til det er gyldent og sprøtt. Sett til side til avkjøling.
c) Ha kyllingbrystene, ingefæren, vårløkhalvdelene og 500 ml kyllingkraft i en kjele, sett over høy varme og kok opp.
d) I mellomtiden vasker du jasminrisen tre ganger og renner godt av. Varm opp vegetabilsk olje og sesamolje i en kjele, tilsett hvitløken og stek i 2 minutter. Tilsett ris, 500 ml kyllingkraft og pepper og kok opp. Legg lokk på kjelen, reduser varmen til lav og la det småkoke i 5–8 minutter, eller til risen er kokt.
e) Når kyllingpannen koker, reduser varmen og la det småkoke i 5 minutter. Ta kyllingen ut av pannen og sett til side til hvile. Kast vårløken, og la kraften raskt koke opp. Tilsett Shaoxing-vinen og soyasausen og kok i ytterligere 5 minutter.
f) Hell risen i boller, skjær deretter kyllingen i skiver og legg den på toppen. Hell kraften over og pynt med vårløkgrønnsakene. Smuldre et stykke kyllingskinn over hver bolle til servering.

62. Sprø kyllinglår med Romescosaus

Serverer 2

INGREDIENSER:
- 4 kyllinglår, bein inn og skinn på
- 2 ss olivenolje
- 100 g cavolo nero
- 1 ss vann
- 120 g Padrón paprika
- Havsalt og nykvernet sort pepper
- Til sausen
- 150g stekt paprika, fra en krukke
- 1 hvitløksfedd, skrelt og knust
- 20 g ristede blancherte mandler
- 1 ss sherryeddik
- ¼ ts søt røkt paprika
- 20 g surdeigsbrød, skorpen fjernet
- 40 ml ekstra virgin olivenolje

bruksanvisning:
a) Forvarm ovnen til 200°C/180°C vifte/gass 6.
b) Krydre kyllinglårene med salt og pepper. Sett en stor, ildfast stekepanne over høy varme. Når det er varmt, tilsett 1 ss olivenolje og legg kyllinglårene med skinnsiden ned. Reduser varmen til middels og stek kyllingen i 8 minutter.
c) Når kyllingskinnet er gyllenbrunt og sprøtt, snur du lårene og tilsetter cavolo nero og vann. Smak til med litt salt og pepper, og sett deretter hele pannen i ovnen i 8 minutter.
I mellomtiden legger du alle ingrediensene til romescosausen i en liten foodprosessor med litt salt og pepper, og blander til en jevn masse.
d) Sett en liten stekepanne over høy varme. Når den er veldig varm, tilsett den resterende spiseskjeen olivenolje, Padrón-pepper og et dryss salt. Stek i 4–5 minutter, eller til skallet på paprikaen har fått blemmer og myknet.
e) Ta kyllingen ut av pannen og sett til side til hvile. Bland cavolo nero inn i pannejuicen og server med kyllingen, Padrón-pepper og en sjenerøs skje med romescosaus.

63. Thai chili og basilikum kylling

Serverer 4

INGREDIENSER:
- 350 g sjasminris
- 600 ml vann
- 3 skinnfrie, benfrie kyllingbryst, fint skåret
- 5 fedd hvitløk, skrellet og finhakket
- 4 thailandske fugleperspektiv chilier, finskåret
- 1 løk, skrelt og tykke skiver
- 150g Mør stilkbrokkoli, kuttet i 5 cm lengder
- 150g fine grønne bønner, trimmet og halvert
- Ca 4 ss vegetabilsk olje
- 2 ss østerssaus
- 1 ss soyasaus
- 80 ml kyllingkraft
- 2 ss fiskesaus
- 1 ss melis
- 1 ss maismel
- 1 ss vann
- Stor håndfull thailandske basilikumblader
- Liten håndfull vanlige basilikumblader
- Havsalt og kvernet hvit pepper

bruksanvisning:
a) Vask risen tre ganger til vannet blir klart, og legg deretter i en kjele med det oppmålte vannet og en klype salt. Kok opp, reduser deretter varmen til lavt koking og legg lokk på kjelen. Kok i ytterligere 10–12 minutter, eller til væsken er borte og risen er kokt.
b) I mellomtiden gjør du klar kjøttet og alle grønnsakene til stekingen. Krydre kyllingen med salt og hvit pepper.
c) Sett en wok på veldig høy varme til den blir rykende varm. Tilsett 1 ss vegetabilsk olje og stek en fjerdedel av kyllingen i 1 minutt, eller til den er lett brunet. Fjern woken raskt fra varmen og overfør kyllingen til en tallerken. Sett woken tilbake på varmen

og stek den resterende kyllingen på samme måte, tilsett mer olje etter behov.
d) Kombiner østerssaus, soyasaus, kyllingkraft, fiskesaus og sukker i en liten bolle. I en egen bolle blander du maismelet med vannet.
e) Sett woken tilbake på varmen, tilsett mer olje etter behov, og rør deretter hvitløken og halvparten av chiliene i 1 minutt.
f) Tilsett løken og stek i 2 minutter. Tilsett brokkoli og grønne bønner og kok i 2 minutter, tilsett litt vann hvis de begynner å feste seg.
g) Legg kyllingen tilbake i woken og stek i ytterligere 2–3 minutter.
h) Tilsett østers- og soyasausblandingen i woken, rør deretter inn maismelpasta og thailandske basilikumblader og kok i 1 minutt til.
i) Øs risen og stek den i boller og dryss over de resterende chiliene og basilikumbladene før servering.

64. **Kylling Ramen**

Serverer 2

INGREDIENSER:
- 2 egg
- 2 ss vegetabilsk olje
- 2 kyllingbryst, skinn på
- 100 g ramennudler
- 2 store håndfuller babyspinat
- 2 store håndfuller bønnespirer
- 1 liter kyllingkraft
- 1 ss hvit misopasta
- 2 ts dashi pulver
- 2 ss soyasaus
- 3 fedd hvitløk, skrellet og finskåret
- 4 cm stykke fersk rot ingefær, skrelt og julienert
- 2 ss sake (japansk risvin)
- 1 lang rød chili, uten frø om du vil ha en mildere hit, finskåret på skrå
- 2 vårløk, trimmet og finskåret på skrå
- 1 ts furikakekrydder
- Havsalt og kvernet hvit pepper
- Sesamolje, til servering

bruksanvisning:
a) Kok opp en kjele med vann, hell i en kjele og kok opp igjen på høy varme. Senk eggene forsiktig ned i den og stek i 5–6 minutter for en litt rennende eggeplomme.
b) Ha i mellomtiden vegetabilsk olje i en stekepanne og sett den over høy varme. Krydre kyllingbrystene med salt og litt hvit pepper og ha i pannen med skinnsiden ned. Stek på middels varme i 4–5 minutter på den ene siden.
c) Bruk en hullsleiv og overfør eggene til en bolle med kaldt vann for å stoppe kokingen.
d) Tilsett litt salt i vannet i kjelen og kok opp igjen. Tilsett nudlene og kok i 3–4 minutter, eller til de er så vidt møre. Hell av og del

mellom to serveringsboller. Tilsett en håndfull babyspinat og en håndfull bønnespirer i hver bolle.

e) Skrell eggene forsiktig og del dem i to på langs.

f) Hell kyllingkraften i en kjele, tilsett misopasta, dashipulver og soyasaus, og sett pannen over middels varme.

g) Snu kyllingbrystene og tilsett hvitløk og ingefær i pannen. Stek i ytterligere 2–3 minutter, rør ofte i hvitløk og ingefær. Tilsett sake og kok i ytterligere 2 minutter.

h) Når kyllingen er stekt, fjern den fra pannen for å hvile. Tilsett pannesaften, sammen med hvitløk og ingefær, til kyllingkraften og rør godt.

i) Skjær kyllingen i skiver og legg oppå nudlene. Hell over kraften og pynt med chili, vårløk, mikrourter og furikakekrydder. Tilsett de halverte eggene i bollene, drypp over litt sesamolje og server.

65. Pan-stekt andebryst med Pak Choi

Serverer 4

INGREDIENSER:
- 4 andebryst
- 4 pak choi, halvert
- 250 ml appelsinjuice
- 50 ml soyasaus
- 2 cm stykke fersk rot ingefær, skrelt og revet
- 50 g smør
- 50 g rennende honning
- 1 ss svarte og hvite sesamfrø
- Havsalt og nykvernet sort pepper
- Kokt ris, til servering

bruksanvisning:
a) Forvarm ovnen til 200°C/180°C vifte/gass 6 og plasser et stekebrett inni for å varmes opp.
b) Bruk en veldig skarp kniv og skjær skinnet på andebrystene i diagonale linjer, først i den ene retningen, så den andre, slik at du har et diamantmønster. Krydre godt med salt og pepper.
c) Legg andebrystene med skinnsiden ned i en ildfast, ildfast stekepanne. Sett kjelen over middels høy varme og stek i 7 minutter, eller til fettet har smeltet sammen og skinnet er sprøtt og gyllent.
d) Snu andebrystene og sett stekepannen i ovnen i 3–4 minutter. Ha anda over på en varm tallerken og la den hvile i 2–3 minutter.
e) I mellomtiden setter du stekepannen tilbake på platen og tilsetter den halverte pak choien. Kok i 2 minutter, eller til det begynner å få farge, tilsett deretter appelsinjuice, soyasaus, ingefær og smør og kok opp. Rør inn honningen og reduser til en tykk saus.
f) For å servere, skjær anda på skrå og legg opp med pak choi og litt kokt ris. Hell over sausen og dryss over sesamfrø før servering.

66. Pancetta-innpakket perlehøne med gulrøtter

Serverer 2

INGREDIENSER:
- 12 tynne skiver pancetta
- 2 hudløse perlehønebryster
- 1 ss mild olivenolje
- 1 banansjalottløk, skrelt og finhakket
- 1 ts fullkornssennep
- 1 ts dijonsennep
- 1 ts timianblader
- 50 ml tørr hvitvin
- 150 ml kyllingkraft
- 125 ml dobbel krem
- For de glaserte gulrøttene
- 300 g Chantenay gulrøtter
- 40 g smør
- 250 ml kyllingkraft
- 1 ts honning
- 1 ss finhakket flatbladpersille
- Havsalt og nykvernet sort pepper

bruksanvisning:
a) Forvarm ovnen til 220°C/200°C vifte/gass 7.
b) Vask gulrøttene og legg dem i en stor stekepanne med smør, kyllingkraft og honning. Tilsett litt salt og pepper og sett over høy varme. Kok opp, reduser deretter varmen til en sterk koking og kok i ca 15 minutter, rør av og til, til gulrøttene er møre.
c) I mellomtiden legger du 6 skiver pancetta på et skjærebrett, og overlapper dem litt. Krydre perlehønebrystene og legg en av dem i midten av pancettaen. Pakk pancettaen rundt den, og gjenta deretter dette trinnet med det andre.
d) Plasser en stekepanne med teflon over høy varme. Når den er varm, tilsett oljen og deretter perlehønebrystene og stek i 2–3 minutter på hver side, eller til pancettaen er gyllenbrun over det hele. Ha over på et lite stekebrett og sett i ovnen i 5 minutter.

e) Sett stekepannen tilbake på varmen, tilsett sjalottløk og stek i 2 minutter, eller til den er myk. Rør inn sennep og timianblader, tilsett deretter vinen og la den redusere til det halve over høy varme. Tilsett kraft og fløte, smak til med litt salt og pepper og reduser til sausen tykner.

f) Ta perlehønen ut av ovnen, hold den varm og la den hvile i 10 minutter.

g) Sjekk gulrøttene – de skal være kokte og sausen skal ha redusert til en glasur. Rør inn persillen og ta kjelen av varmen.

h) Server perlehønebrystene med de glaserte gulrøttene, øs sausen over toppen eller server den i små tilbehør.

SUPPER

67. Blomkålsuppe med ostete toasts

Serverer 4

INGREDIENSER:
- 2 ss olivenolje
- 20 g smør
- 1 løk, skrelt og finhakket
- 2 fedd hvitløk, skrellet og skjært i skiver
- Liten håndfull salvieblader
- 1 x 800g blomkål
- 500 ml kylling- eller grønnsakskraft
- 200 ml helmelk
- 200 ml dobbel krem
- Havsalt og nykvernet pepper
- Til det brune smøret
- 40 g smør
- 1 ss trøffelolje
- En håndfull salvieblader
- For de osteaktige toastene
- 4 skiver baguette, finskåret på diagonalen
- 120 g revet osteblanding (mozzarella, cheddar, blå og Gruyère, eller en kombinasjon av det du har i kjøleskapet)

bruksanvisning:
a) Forvarm grillen.
b) Sett en stor kjele på middels varme og tilsett olje og smør. Når smøret har smeltet, tilsett løk og hvitløk og stek i 5 minutter. Tilsett salviebladene og kok i ytterligere et minutt.
c) I mellomtiden forbereder du blomkålen ved å fjerne bladene og skille bukettene. Grovhakk dem i små biter av samme størrelse.
d) Tilsett den hakkede blomkålen og kraften i pannen. Smak til med salt og pepper, kok opp og la det småkoke i 5 minutter. Tilsett melk og fløte og la det småkoke i ytterligere 8 minutter.
e) I mellomtiden lager du det brune smøret. Ha smøret i en liten kjele og sett det over høy varme. Når den begynner å bli brun tar

du kjelen av varmen og tilsetter trøffeloljen og salviebladene. Rør godt og la avkjøle.

f) Lag nå toastene. Legg baguetteskivene på et stekebrett og grill i 2–3 minutter, eller til de er lett gylne på den ene siden. Snu hver skive, og dryss deretter rikelig med revet ost. Sett tilbake under grillen i ytterligere 4 minutter, eller til osten er smeltet og gyllen.

g) Når blomkålen er kokt, blend blandingen med en stavmikser til den er jevn. Sjekk krydderet og juster etter behov. Hell suppen i boller og hell over brunt smør og salvieblader. Server med de osteaktige toastene ved siden av.

68. Kylling og Shiitake nudelsuppe

Serverer 4

INGREDIENSER:
- 1,5 liter kyllingkraft
- 4 kyllinglår, skinn på
- 12 tørkede shiitakesopper
- 2–3 cm stykke frisk rotingefær, skrellet og finhakket
- 1 stjerneanis
- 2 vårløk, trimmet og delt i to
- 100 ml Shaoxing risvin
- 180 g eggnudler
- 2 ss soyasaus
- 200 g choi sum
- Havsalt og kvernet hvit pepper
- Å servere
- 80 g bambusskudd
- Asiatiske mikrourter eller korianderblader
- 2 ts sesamolje

bruksanvisning:
a) Sett en kjele over høy varme. Hell i kyllingkraften, tilsett deretter kyllinglårene og soppen.
b) Tilsett ingefæren i pannen sammen med stjerneanis, vårløk og risvin. Smak til med en stor klype havsalt og en liten klype hvit pepper.
c) Kok opp suppen, skum av eventuelle urenheter som kan komme opp til overflaten. Når det koker, reduser varmen til en sterk koking og kok i 10 minutter.
d) I mellomtiden, kok opp en kjele med vann. Hell over i en ren kjele over høy varme og smak til med salt. Tilsett nudlene og kok i 3–4 minutter, eller til de er så vidt møre. Tøm nudlene og hold dem under rennende kaldt vann til de er avkjølte. Tøm igjen og legg til siden til det trengs.
e) Fjern et kyllinglår fra buljongen og sjekk om det er gjennomstekt ved å stikke hull i den tykkeste delen med spissen av

en skarp kniv; saften skal renne klar uten rosa. Hvis den er kokt, fjern alle kyllingbitene og soppen fra buljongen og legg til siden.

f) Bruk en hullsleiv, fjern stjerneanis, ingefær og vårløk fra buljongen og sett den tilbake på høy varme. Tilsett soyasausen og smak til.

g) Grovhakk choisummen i 7 cm lengder, og skille stilkene fra bladdelene. Tilsett stilkene i kasserollen og la det koke i 2 minutter.

h) Fjern skinnet fra kyllinglårene og riv kjøttet, kast beinene.

i) Tilsett choisummen i buljongen og skru av varmen.

j) Del nudlene mellom fire boller og topp med shiitakesopp, kylling og choi sum og øs over buljongen.

k) Pynt med bambusskudd og mikrourter og en skvett sesamolje.

69. <u>Knollselleri og eplesuppe med knuste valnøtter</u>

Serverer 4–6

INGREDIENSER:
- 1 løk, skrelt og grovhakket
- 1 selleri (600–800 g), skrelt og i terninger
- 2 Cox's epler, skrelt, kjernehuset og grovhakket
- 2 ss olivenolje
- 1 ss timianblader
- 1 liter grønnsakskraft
- Havsalt og nykvernet svart eller hvit pepper
- Å servere
- Stor håndfull valnøtter, grovhakket
- Ekstra virgin olivenolje, til drypp

bruksanvisning:
a) Forbered løk, selleri og epler som oppført.
b) Sett en stor kjele på middels varme og tilsett olivenolje. Når den er varm, tilsett løken med en klype salt og stek i 4–5 minutter, eller til den er myk, men ikke farget.
c) Tilsett selleri, epler og timianblader og stek i 5 minutter.
d) Hell i grønnsakskraften og kok opp. Fortsett å småkoke i 5 minutter til, eller til sellerien er mør.
e) Ta kjelen av varmen og bruk en stavmikser til å mikse godt. Smak til med salt og pepper, og smak til og tilsett mer krydder etter behov.
f) Hell over i varme boller, strø over de hakkede valnøttene og drypp over litt ekstra virgin olivenolje før servering.

70. Krydret squash og linsesuppe

Serverer 4

INGREDIENSER:
- 1 ss lett olivenolje
- 40 g smør
- 1 løk, skrelt og i terninger
- 1 ts spisskummen frø
- 4 hvitløksfedd, skrelt
- 5 cm stykke fersk rot ingefær, skrelt
- 2 røde chilier, kjernet ut hvis du ønsker en mildere hit
- 1 ts mildt karripulver 1 kg butternut squash
- 1,2 liter kylling- eller grønnsakskraft
- 250 g røde linser
- 250 ml kokoskrem
- Havsalt og nykvernet sort pepper
- For å pynte
- 2 ss lett olivenolje
- 1 ts spisskummen frø
- Stor håndfull friske karriblader
- ½ ts mildt karripulver
- 1 rød chili, uten frø om du ønsker en mildere hit, finskåret

bruksanvisning:

a) Varm olje og smør i en stor kjele på middels varme. Når smøret har smeltet, tilsett løk og spisskummen og stek i 2–3 minutter.

b) I mellomtiden legger du hvitløk, ingefær og chili i en liten foodprosessor og blander til en pasta. Tilsett dette i pannen sammen med karripulveret og stek i ytterligere 2–3 minutter.

c) Tilbered squashen ved å skrelle skallet av og fjerne alle frøene med en skje. Skjær kjøttet i 1 cm terninger og tilsett i pannen sammen med kraften. Øk varmen til høy og kok opp.

d) Tilsett linsene og kok i 10 minutter.

e) Ha kokoskremen i en liten bolle og visp til den er jevn. Reserver 6 ss til garnityret og tilsett resten i pannen. Kok over høy varme, til gresskaret er mykt og linsene kokt.

f) Mens suppen koker, varmer du opp oljen til garnityret i en liten stekepanne. Når det er varmt, tilsett spisskummen, karriblader og karripulver. Rør godt, og fjern deretter kjelen fra varmen.

g) Bruk en stavmikser til å blande suppen til den er jevn, smak til med salt og pepper og hell den i individuelle boller. Ringle over den reserverte kokoskremen og karrioljen. Dryss over noen skiver rød chili før servering.

PASTA OG KORN

71. Cacio e Pepe med parmesan chips

Serverer 2

INGREDIENSER:
- 60 g parmesanost, finrevet
- 200 g bucatini
- 1½ ts sorte pepperkorn
- 100 g smør
- 20 g pecorinoost, finrevet
- Sjøsalt

bruksanvisning:
a) Forvarm ovnen til 200°C/180°C vifte/gass 6. Kle et stekebrett med bakepapir.
b) For å lage crisps, ta halvparten av parmesanen og legg den i fire like store hauger på det forberedte brettet. Sett på høy hylle i ovnen i 10–12 minutter, eller til parmesanen har blitt gyllenbrun. Sette til side.
c) Kok opp en kjele med vann. Fyll en kjele med det halvveis, smak til med salt og kok opp igjen. (Det er viktig å tilsette akkurat nok vann til å dekke pastaen slik at vannet blir så stivelsesholdig som mulig.) Tilsett pastaen, rør godt og kok i 10 minutter, eller til al dente.
d) Rist i mellomtiden pepperkornene i en tørr stekepanne til de er aromatiske. Bruk en morter og mal dem grovt.
e) Sett en stor stekepanne på middels varme og smelt smøret i den. Tilsett malt pepper og la smøret skumme, tilsett deretter en sleiv av pastavannet og kok opp. Snurr i pannen eller visp innholdet for å emulgere sausen.
f) Fjern pastaen fra vannet med en tang og tilsett den i sautépannen med en andre øse av vannet og den resterende parmesanen. Rør godt for å belegge, og tilsett mer pastavann om nødvendig.
g) Tilsett pecorino og salt, bland pannen for å kombinere.
h) Server i boller med parmesan-crisps smuldret over toppen.

72. Tomat, Mascarpone og Pancetta Rigatoni

Serverer 4
INGREDIENSER:
- 3 ss olivenolje
- 250 g pancetta i terninger eller røkt bacon
- 1 stor løk, skrelt og finhakket
- 3 fedd hvitløk, skrellet og finhakket
- 1 ts italiensk krydder
- 100g sun blush tomater, grovhakket
- 1 x 400 g boks hakkede tomater
- 200 ml kyllingkraft
- 200 g mascarpone ost
- 400 g rigatoni
- 20g parmesanost, finrevet, pluss ekstra til servering
- Liten håndfull basilikumblader, grovhakket
- Havsalt og nykvernet sort pepper

bruksanvisning:
a) Sett en stor stekepanne over middels høy varme og tilsett oljen. Når den er varm, tilsett pancettaen og stek i 3–4 minutter, eller til den er sprø og gylden. Fjern en stor skje fra pannen og hell av på kjøkkenpapir, og legg deretter til siden for å bruke som pynt.
b) Tilsett løken i pannen og stek til den er myk, tilsett deretter hvitløken og stek i 2 minutter.
c) Rør inn det italienske krydderet, både masse tomater, kyllingkraften og mascarpone. La det småkoke og kok i 10 minutter, eller til det er litt tyknet.
d) I mellomtiden, kok opp en kjele med vann. Hell i en kjele, smak til med salt og kok opp igjen. Tilsett pastaen, rør og kok i 10 minutter, eller til den er al dente. Tøm pastaen, ta vare på vannet.
e) Tilsett pastaen i sausen og rør godt for å dekke. Tilsett en øse av pastavannet om nødvendig. Smak til, tilsett parmesan og basilikum og rør igjen.
f) Server i varme boller og dryss over den reserverte pancettaen og litt mer parmesan.

73. **Linguine Vongole med Nduja og cherrytomater**

Serverer 4

INGREDIENSER:
- 200 ml tørr hvitvin
- 1,5 kg muslinger, skylt og eventuelle lukkede kastes
- 3 ss olivenolje
- 2 banansjalottløk, skrelt og finhakket
- 6 fedd hvitløk, skrellet og finskåret
- 80 g nduja-pølse
- 250g baby plommetomater, halvert
- 400 g linguine
- 2 små håndfuller flatbladpersille, finhakket, pluss ekstra til servering
- Havsalt og nykvernet sort pepper

bruksanvisning:

a) Sett en kasserolle med tettsittende lokk over høy varme til den blir rykende varm. I mellomtiden, kle et dørslag med muslin eller en ny J-klut og sett den over en annen panne.

b) Hell vinen i røykepannen, tilsett muslingene, dekk til med lokket og kok i 3–4 minutter til muslingene har åpnet seg. Sil gjennom det tilberedte dørslaget.

c) Sett en stor stekepanne på middels varme, tilsett olivenolje og sjalottløk og stek i 2 minutter. Tilsett hvitløken og stek i ytterligere 2 minutter.

d) Øk varmen, tilsett nduja og bryt den opp med en skje. Kok i ytterligere 2 minutter, hell deretter i muslingsluten og kok i 5 minutter før du tilsetter tomatene.

e) Kok opp en kjele med vann, hell det over i en kjele, smak til med salt og kok opp igjen. Tilsett pastaen og kok i 10 minutter, eller til den er al dente.

f) Mens sausen koker og pastaen koker, plukker du kjøttet fra alle unntatt et dusin av muslingene.

g) Når pastaen er klar, la den renne av i et dørslag, og ta vare på kokevannet. Tilsett pastaen i sausen sammen med en øse av det reserverte vannet, muslingkjøttet og persille. Kast pannen godt for å dekke pastaen med sausen.

h) Krydre etter smak, og server deretter i varme boller, pyntet med muslingene i skallet og litt ekstra persille.

74. **Krabbe og courgette spaghetti**

Serverer 2
- 200 g spaghetti
- 2 ss olivenolje
- 1 banansjalottløk, skrelt og finhakket
- 3 fedd hvitløk, skrellet og finskåret
- 1 lang rød chili, uten frø om du vil ha en mildere hit, finhakket
- 50 ml tørr hvitvin
- 300 g squash, revet eller julienert
- 50 g brunt krabbekjøtt
- 100 g crème fraîche
- 150 g hvitt krabbekjøtt
- Skal av 1 sitron
- 2 ss grovhakket dill
- 40 g smør, i terninger
- Havsalt og nykvernet sort pepper

bruksanvisning:
a) Kok opp en kjele med vann. Hell i en kjele, smak til med salt og kok opp igjen. Tilsett pastaen og kok i 10 minutter, eller til den er al dente.
b) Plasser i mellomtiden en stor, non-stick sautépanne over middels høy varme og tilsett oljen. Når den er varm, tilsett sjalottløken og stek i 2 minutter.
c) Tilsett hvitløk og chili og stek i ytterligere 2 minutter. Hell i hvitvinen, øk deretter varmen til høy og kok til vinen reduseres til det halve.
d) Tilsett squash, brun krabbekjøtt og crème fraîche og rør godt.
e) Tøm spaghettien, behold vannet. Tilsett pastaen i sauterpannen sammen med en halv øse av kokevannet, det hvite krabbekjøttet, sitronskall, halvparten av dillen og smøret og kok i 1 minutt. Kast pastaen for å sikre at den er godt dekket med sausen og smak til.
f) Server i boller, drysset med den resterende dillen.

75. **Farfalle med brunt smør, erter og salvie**

Serverer 4

INGREDIENSER:
- 400g farfalle
- 250 g ferske erter
- 80 g parmesanost, revet, pluss ekstra til servering
- Havsalt og nykvernet sort pepper
- Til det brune smøret
- 200 g smør
- Stor håndfull salvieblader
- 3 fedd hvitløk, skrellet og finhakket

bruksanvisning:
a) Kok opp en kjele med vann. Fyll en kjele med det halvveis, smak til med salt og kok opp igjen. (Det er viktig å tilsette akkurat nok vann til å dekke pastaen slik at vannet blir så stivelsesholdig som mulig.) Tilsett pastaen, rør godt og kok i 10 minutter, eller til al dente.
b) I mellomtiden, ha smøret i en sautépanne og sett det over høy varme. Når det begynner å bli brunt tar du av varmen, tilsett salvieblader og hvitløk og rør godt.
c) Tøm pastaen, ta vare på kokevannet.
d) Hell en øse av det reserverte vannet i sautépannen og tilsett ertene. Sett kjelen tilbake på varmen og stek i 1–2 minutter under konstant omrøring.
e) Tilsett pasta og parmesan og rør godt. Tilsett litt mer pastavann, om nødvendig, og smak til.
f) Server i varme boller med en vri av sort pepper og ekstra parmesan drysset på toppen.

76. **Porcini Tagliatelle med pinjekjerner**

Serverer 2

INGREDIENSER:
- 15 g tørket steinsopp
- 200 g tagliatelle
- 30 g pinjekjerner
- 1 ss olivenolje
- 60 g smør
- 1 banansjalottløk, skrelt og finhakket
- 2 fedd hvitløk, skrellet og finhakket
- 100 ml tørr hvitvin
- 200 g fersk sopp, helst piggsopp eller vill, finskåret
- 2 ss finhakket estragon
- 25g parmesanost, finrevet, pluss ekstra til servering
- 1 ss flatbladpersille, grovhakket
- 3 ss crème fraîche
- Havsalt og nykvernet sort pepper

bruksanvisning:
a) Kok opp en kjele med vann. Legg de tørkede porciniene i en liten, varmebestandig bolle og tilsett nok kokende vann til å dekke dem. Dekk med matfilm og sett til side.
b) Hell det resterende kokende vannet i en kjele, tilsett litt salt og kok opp igjen. Tilsett pastaen og kok i 7–10 minutter, eller til den er al dente.
c) Ha i mellomtiden pinjekjernene i en tørr stekepanne og sett på middels varme, rist pannen til de er lett ristet. Sett til side til det trengs.
d) Ha olivenoljen og halvparten av smøret i en sautépanne og sett på svak varme. Når smøret har smeltet, tilsett sjalottløk og stek forsiktig i 2–3 minutter. Tilsett hvitløken og stek forsiktig i ytterligere 2 minutter.
e) Øk varmen til høy, tilsett hvitvinen og la den redusere til det halve.

f) Sil væsken fra de bløtlagte porciniene direkte i pannen, grovhakk deretter den hydrerte soppen og tilsett den også. Når væsken er redusert til det halve, tilsett fersk sopp og estragon og rør godt til soppen har blitt myk.

g) Tøm pastaen, ta vare på vannet. Tilsett pastaen i soppblandingen, og rør deretter inn parmesan, persille og resterende smør, pluss litt av det reserverte vannet, om nødvendig.

h) Krydre pastaen etter smak, rør inn crème fraîche og server i boller, drysset med ekstra parmesan og pinjekjernene.

77. **Saffron Orzo med kalkunkjøttboller**

Serverer 4

INGREDIENSER:
- 500g malt kalkunlårkjøtt
- 40g parmesanost, finrevet, pluss ekstra til servering
- 3 ss flatbladpersille, finhakket
- Skal av 1 sitron
- 1 egg, lett pisket
- 50 g ferske brødsmuler
- 50 g vanlig mel
- 1 ss olivenolje
- 220 ml kyllingkraft
- Havsalt og nykvernet sort pepper
- For safran orzo
- 80 g smør
- 2 banansjalottløk, skrelt og finhakket
- 2 fedd hvitløk, skrellet og finhakket
- Klype malt safran
- 1 liter kyllingkraft
- 400 g orzo
- 2 ss finhakkede oreganoblader
- 20g parmesanost, finrevet

bruksanvisning:
a) Ha hakket kalkun, parmesan, persille, sitronskall, egg og brødsmuler i en stor bolle og smak til med salt og pepper. Bland godt og del i 24 kjøttboller på størrelse med valnøtt. Sett i kjøleskapet til det trengs.
b) For å lage orzoen, smelt halvparten av smøret i en stor sautépanne over middels varme. Tilsett sjalottløken og stek i 2 minutter, tilsett deretter hvitløken og stek i ytterligere 2 minutter.
c) Tilsett safran og liter kraft og kok opp. Hell i orzo og kok i 10 minutter, eller til al dente, rør av og til.
d) Ta kjøttbollene ut av kjøleskapet og ha melet på hver enkelt. Sett en stor, non-stick stekepanne over høy varme. Når det er varmt, hell i olivenolje, tilsett kjøttbollene og stek til de er gyldenbrune over det hele.
e) Hell 220 ml kraft i kjelen, la det småkoke og kok kjøttbollene forsiktig i ytterligere 5 minutter, eller til de er gjennomstekt og sausen har tyknet.
f) Når orzoen er klar, rør inn oregano, tilsett deretter parmesan og resterende 40 g smør. Smak til og server i varme boller med kalkunkjøttbollene og litt ekstra parmesan på toppen.

78. Reker stekt ris i koreansk stil

Serverer 4
INGREDIENSER:
- 2 egg, lett pisket
- 2 ss vegetabilsk olje
- 2 ss sesamolje
- 400 g skrellede rå tigerreker, delt i to på langs
- 2 ss gochujang chilipasta
- 3 x 250g pakker ferdigkokt langkornet og villris
- 2 ss soyasaus
- 1 ss fiskesaus
- 2 store håndfuller bønnespirer
- 150 g frosne erter
- Havsalt og kvernet hvit pepper
- Å servere
- 100 g kimchi, grovhakket
- 1 ts svarte sesamfrø
- Stor håndfull sprøstekt løk (tilgjengelig fra supermarkeder)
- 4 vårløk, trimmet og finskåret på skrå
- Sriracha chilisaus

bruksanvisning:

a) Sett en stor, non-stick wok over høy varme. Krydre eggene med salt og hvit pepper.

b) Tilsett halvparten av de to oljene i pannen, virvl rundt for å belegge, og hell deretter i eggene. Kok i 1 minutt, rør forsiktig for å bryte dem i biter, og skyv dem deretter over på en tallerken.

c) Sett woken tilbake på høy varme. Når det er varmt, tilsett de resterende oljene, deretter rekene, og stek i 1–2 minutter. Tilsett gochujang-pastaen og rør godt.

d) Tilsett ris, soyasaus og fiskesaus og stek i ytterligere 2–3 minutter. Ha eggene tilbake i pannen, tilsett bønnespirer og erter, og rør deretter i ytterligere 2–3 minutter.

e) Server risen i varme boller, pyntet med kimchi, sesamfrø, sprøstekt løk, vårløk og en klatt sriracha

SALATER OG SIDER

79. Spirer med grønne bønner

INGREDIENSER:
- 600 g rosenkål, delt i kvarte og kuttet.
- 600 g grønne bønner.
- 1 ss olivenolje.
- Skal og saft 1 sitron.
- 4 ss ristede pinjekjerner.

BRUKSANVISNING:

a) Stek i et par sekunder, tilsett deretter grønnsakene og stek i 3-4 minutter til spirene får litt farge.

b) Tilsett en skvis sitronsaft og salt og pepper etter smak.

80. Sopp pilaf

Gjør 2

INGREDIENSER:
- 1 kopp hampfrø
- 2 ss kokosolje
- 3 mellomstore sopp, i små terninger
- ¼ kopp skivede mandler
- ½ kopp grønnsaksbuljong
- ½ ts hvitløkspulver
- ¼ ts tørket persille
- Salt og pepper etter smak

BRUKSANVISNING:
a) Varm kokosolje i en panne på middels varme og la det koke opp. Tilsett mandler og sopp i skiver i pannen når det har begynt å boble.
b) Tilsett hampfrø i pannen etter at soppen er mør. Bland alt grundig.
c) Tilsett buljong og krydder.
d) Reduser varmen til middels lav og la buljongen trekke og småkoke.

81. **Stekte grønnkålspirer**

Gjør 2

INGREDIENSER:
- ½ pose Grønnkålspirer
- Olje for fritering
- Salt og pepper etter smak

BRUKSANVISNING:
a) I en frityrkoker, varm oljen til den er varm.
b) Legg grønnkålspirene i frityrkurven.
c) Fortsett å koke grønnkålspirene til kantene på pæren er brunet og bladene mørkegrønne.
d) Ta ut av kurven og tøm overflødig fett på tørkepapir.
e) Tilsett salt og pepper etter smak og nyt!

82. Grillede grønnsaker

Gir 6 porsjoner

INGREDIENSER:
- 2 mellomstore zucchini
- 8 gram sopp
- 2 paprika
- 4 ss avokadoolje
- ½ ts tørket oregano
- ½ ts tørket basilikum
- ¼ ts hvitløkspulver
- ½ ts tørket rosmarin

BRUKSANVISNING:

a)   Kombiner oljen med de tørkede krydderne. Tilsett en klype salt og pepper.

b)   Kast grønnsakene med marinaden og la stå i 10 minutter eller mer mens du varmer opp grillen.

c)   Grill grønnsakene på ganske varm varme. Kok grønnsakene til de er møre og sprø, og server!

83. Blandet grønn salat

Gjør 1

INGREDIENSER:
Salat
- 2 gram blandede grønnsaker
- 3 ss pinjekjerner eller mandler, ristede
- 2 ss av en foretrukket vinaigrette
- 2 ss barbert parmesan
- 1 avokado, grop og skinn fjernet og skåret i skiver
- Salt og pepper etter smak

BRUKSANVISNING:
a) Til servering: Kast grønnsakene med pinjekjernene og vinaigretten.
b) Smak til med salt og pepper og pynt med parmesan.
c) Nyt.

84. Tofu og bok choy salat

Gjør 3

INGREDIENSER:
- 15 gram ekstra fast tofu
- 9 gram Bok Choy

Marinade
- 1 ss soyasaus
- 1 ss sesamolje
- 1 ss vann
- 2 ts finhakket hvitløk
- Juice ½ sitron

Saus
- 1 stilk grønn løk
- 2 ss koriander, hakket
- 3 ss kokosolje
- 2 ss soyasaus
- 1 ss Sriracha
- 1 ss peanøttsmør
- Juice ½ lime
- 7 dråper flytende stevia

BRUKSANVISNING:

a)   Forvarm ovnen til 350 grader Fahrenheit.
Kombiner alle marinadeingrediensene i en miksebolle (soyasaus, sesamolje, vann, hvitløk og sitron).
b)   Skjær tofuen i firkanter og kombiner med marinaden i en plastpose. Mariner i 10 minutter eller lenger.
c)   Fjern Tofu og stek i 15 minutter på en bakeplate.
Kombiner alle sausingrediensene i en røreform.
d)   Ta tofuen ut av ovnen og kombiner tofu, bok choy og saus i en salatskål.

85. Thai quinoasalat

Til salaten:
- ½ kopp kokt quinoa Jeg brukte en kombinasjon av rød og hvit.
- 3 ss revet gulrot.
- 2 ss rød pepper, forsiktig skåret i skiver.
- 3 ss agurk, finskåret.
- Hvis frossen, ½ kopp edamame tint.
- 2 løk, finhakket.
- ¼ kopp rødkål, finskåret.
- 1 ss koriander, forsiktig hakket.
- 2 ss ristede peanøtter, hakkede (valgfritt).
- For å smake salt.

Thai peanøttdressing:
- 1 ss kremet naturlig peanøttsmør.
- 2 ts lavsalt soyasaus.
- 1 ts riseddik.
- ½ ts sesamolje.
- ½ - 1 ts sriracha saus (valgfritt).
- 1 fedd hvitløk, forsiktig hakket.
- ½ ts revet ingefær.
- 1 ts sitronsaft.
- ½ ts agave nektar (eller honning).

BRUKSANVISNING:
a) Lag thailandsk peanøttdressing:
Kombiner alle ingrediensene for å ha på seg en liten bolle og bland til det er godt blandet.
b) Slik lager du salaten:
c) Integrer quinoa med grønnsakene i en miksebolle. Inkluder dressingen og bland godt for å integreres.
d) Sprøyt de ristede peanøttene på toppen og server!

86. **Soba nudler, courgette og brun rekesalat**

Serverer 4
INGREDIENSER:
- 200 g soba nudler
- Jordnøttolje, til duskregn
- 200 g spiralisert 'courgetti' (ca. 2 courgetter)
- 150g kokte brune reker
- 150 g cherrytomater, halvert
- 25 g gressløk, finhakket
- 2 ss sesamfrø
- Til tamaridressingen
- ½ ts dijonsennep
- 1½ ss riseddik
- 1 ss sesamolje
- 2 ss tamari soyasaus
- 1 ss mirin
- 50 ml olivenolje
- 2 cm stykke fersk rot ingefær, skrelt og revet
- 1 hvitløksfedd, skrelt og knust
- En klype havsalt

bruksanvisning:
a) Kok opp en kjele med vann, og hell det så over i en stor kjele. Kok opp igjen på middels høy varme, tilsett soba-nudlene og kok i 4 minutter. Hell av og skyll under kaldt vann for å avkjøle nudlene raskt. Tøm grundig, og drypp deretter over litt jordnøttolje for å hindre at nudlene klistrer seg sammen.
b) Ha de avkjølte nudlene i en stor bolle og tilsett spiralisert squash, reker, tomater og gressløk.
For å lage dressingen, legg alle ingrediensene i en bolle og visp for å kombinere.
c) Rist sesamfrøene i en tørr stekepanne i 2–3 minutter, eller til de er gylne, rist pannen regelmessig.
Hell dressingen over salaten og bland godt for å sikre at alle ingrediensene er godt dekket. Strø over de ristede sesamfrøene før servering

87. Grønnkål Cæsarsalat med hvitløkskrutonger

Serverer 4

INGREDIENSER:
- 1 stort hvitløksfedd, skrelt og knust
- 3 ss olivenolje
- 2 ss flatbladpersille, finhakket
- 150 g surdeigsbrød
- 1 ss vegetabilsk olje
- 200 g røkt spekeskinke
- 100 g blandet grønnkål (grønn og lilla, hvis tilgjengelig)
- 4 små edelstensalater
- 100 g kastanjesopper, fint skåret
- ½ rødløk, skrelt og finskåret
- 8 ansjoser i olivenolje
- 40 g parmesanost
- Havsalt og nykvernet sort pepper
- Til dressingen
- 100 g fransk majones av god kvalitet
- 1 stort hvitløksfedd, skrelt og knust
- 20g parmesanost, finrevet
- 1 ts dijonsennep Juice av ½ sitron
- 8 ansjoser i olivenolje (valgfritt)
- 1-2 ss vann

bruksanvisning:
a) Forvarm ovnen til 220°C/200°C vifte/gass 7. Kle et stekebrett med bakepapir.
b) Ha hvitløk, olivenolje og persille i en bolle, smak til med salt og pepper og bland godt.
c) Riv surdeigen i små biter og legg dem i bollen med hvitløksoljen. Bland til det er godt dekket, og fordel deretter brødet over det tilberedte brettet. Sett i ovnen og stek i 8–10 minutter, eller til de er gyldenbrune.

d) Plasser en stor stekepanne over middels høy varme. Når den er varm, tilsett den vegetabilske oljen, deretter stiverne og stek i 5–8 minutter, eller til den er sprø.

e) I mellomtiden lager du dressingen: ha majones, hvitløk, parmesan, sennep og sitronsaft i en bolle. Hakk ansjosene, legg i bollen og rør sammen. Tilsett vannet for å løsne dressingen.

f) Riv grønnkålen i passe store biter. Kutt salaten og skill bladene. Skjær de større bladene i to på langs og hold de mindre bladene hele. Ha alle bladene i en salatbolle med sopp i skiver og rødløk.

g) Hell dressingen over salaten og bland godt. Strø over krutongene og spekeskinkene, del deretter de resterende ansjosene i to på langs og legg dem på toppen (hvis du bruker). Bruk en grønnsaksskreller og barber parmesanen over salaten før servering.

88. Varm aubergine, tomat og burrata

Serverer 4

INGREDIENSER:
- 3 auberginer, trimmet og skåret 1 cm tykke
- 4 ss olivenolje
- 850 g arvtomater, skåret 1 cm tykke
- 80 g rakettblader
- 3 burrata
- Sjøsalt
- Til dressingen
- 60 ml olivenolje
- 1 banansjalottløk, skrelt og finhakket
- 2 fedd hvitløk, skrelt og finhakket
- 3 rosmarinkvister, blader plukket og finhakket
- 40 ml rødvinseddik
- ½ ts chiliflak (valgfritt)
- Nykvernet sort pepper

bruksanvisning:
a) Sett en stekepanne over høy varme.
b) Pensle hver auberginskive med litt av olivenoljen og dryss over salt. Legg noen av skivene med oljesiden ned på takken, pensle toppene med litt mer olje og strø over litt mer salt. Stek i 2–3 minutter på hver side, eller til de er forkullet og myke. Gjenta med de resterende skivene.
c) Hell oljen til dressingen i en liten kjele og sett på middels varme i 2–3 minutter. Det er varmt nok når en bit sjalottløk tilsatt pannen syder forsiktig. Slå av varmen, tilsett så all sjalottløk, hvitløk og rosmarin og bland godt. La det koke forsiktig i 2–3 minutter, tilsett deretter eddik og chiliflak (hvis du bruker) og smak til med salt og pepper.
d) Legg auberginskivene og tomatene lagvis i en grunn bolle eller på et fat. Drypp hvert lag med litt av dressingen, og dryss deretter med rucola. Skjær hver burrata i to og legg på toppen. Drypp med resten av dressingen og server.

89. Halloumi, asparges og grønne bønnesalat

Serverer 2

INGREDIENSER:
- 250g fine grønne bønner, trimmet
- 100 g fine asparges, trimmet
- 250 g halloumi ost
- ½ ts chiliflak
- 1 ss olivenolje
- 200 g cherrytomater, halvert
- 50 g Kalamata-oliven med hull
- Liten håndfull erteskudd
- Havsalt og nykvernet sort pepper
- Til dressingen
- 2 basilikumkvister, blader plukket
- 2 myntekvister, blader plukket
- 1 ss rødvinseddik
- 3 ss ekstra virgin olivenolje

bruksanvisning:

a) Kok opp en kjele med vann, og hell det over i en kjele. Smak til med salt og sett den over høy varme. Når det koker igjen, tilsett bønnene og kok i 4 minutter, tilsett deretter aspargesen og kok i ytterligere et minutt. Tøm og legg grønnsakene i en stor bolle med isvann for å stoppe kokeprosessen.

b) For å lage dressingen, legg basilikum og mynteblader i en liten kjøkkenmaskin med eddik og olje. Smak til med salt og pepper og bland til en jevn masse.

c) Skjær halloumien i to horisontalt slik at du har to rektangler. Dryss hver og en med noen av chiliflakene.

d) Plasser en stekepanne med teppestein over middels høy varme. Når den er varm, tilsett oljen og snurr den forsiktig for å dekke basen jevnt. Legg halloumiskivene i pannen med chilisiden ned og strø litt mer chili på toppen. Stek i 2–3 minutter på hver side, eller til de er gyldenbrune.

e) I mellomtiden, renn av bønnene og aspargesen og ha i en bolle med cherrytomatene og halve dressingen. Bland godt og del mellom to tallerkener. Legg halloumien på toppen.

f) Tilsett oliven i stekepannen for å bli gjennomvarm, og dryss dem deretter rundt halloumien. Drypp med resten av dressingen og pynt med noen erteskudd før servering.

90. Rødbetesalat med pisket geitost

Serverer 2

INGREDIENSER:
- 40 g hasselnøtter
- 1 rå godteri rødbeter
- 4 kokte rødbeter
- ½ pose (60 g) butikkkjøpt rødbetsalatblanding
- Til dressingen
- 1 ss sherryeddik
- 1 ss rødbetejuice (valgfritt)
- 1 ts dijonsennep
- 3 ss ekstra virgin olivenolje
- Havsalt og nykvernet sort pepper
- Til den piskede osten
- 100 g myk geitost
- 50 g kremost
- Skal av ½ sitron
- 2 sitrontimiankvister, blader plukket
- 1–2 ts vann

bruksanvisning:

a) Forvarm ovnen til 200°C/180°C vifte/gass 4.

b) Fordel hasselnøttene over et lite stekebrett og sett i ovnen i 5–8 minutter, eller til de blir mørkegyldenbrune.

I mellomtiden legger du alle ingrediensene til dressingen i en liten bolle. Smak til med salt og pepper og visp godt.

c) Bruk en mandolin eller skarp kniv til å skjære godterirødbeten i skiver, og bruk deretter en rund deigskjærer (ca. 6,5 cm i diameter) for å stemple en sirkel fra hver skive. Legg sirklene i dressingen for å sylte lett.

d) Ta hasselnøttene ut av ovnen og la dem avkjøle.

Ha ingrediensene til den piskede osten i en foodprosessor med en klype salt og pepper. Bland til en jevn masse, tilsett litt mer vann for å løsne om nødvendig. Sett i kjøleskapet til det trengs.

e) Del de kokte rødbetene i kvart og legg dem i en bolle med salatblandingen. Tilsett halvparten av dressingen, smak til og bland godt, og del deretter mellom to tallerkener. Løft skivene av godterirødbeten fra dressingen og legg på salaten. Prikk med en skje av den piskede geitosten og øs over den resterende dressingen.

f) Bruk den flate siden av kniven og knus hasselnøttene på et skjærebrett slik at de brytes lett opp. Dryss litt over hver tallerken til servering.

91. Vietnamesisk kjøttbollersalat

Serverer 2

INGREDIENSER:
- 250 g hakket svinekjøtt
- 2 ts sitrongresspasta
- 1 ss fiskesaus
- 1 ts hvitt sukker
- 1 hvitløksfedd, skrelt og knust
- 2 vårløk, trimmet og finhakket
- En klype kvernet hvit pepper
- 1 ss vegetabilsk olje
- Til salaten
- 100 g ris vermicelli nudler
- 1 stor gulrot, skrelt og finhakket
- ½ agurk, finhakket
- 2 håndfuller bønnespirer
- 8 små perle salatblader
- Frisk mynte og korianderblader
- 20g saltede peanøtter, grovhakkede
- Til dressingen
- 30 ml fiskesaus
- 30 ml riseddik
- 1 ss melis
- Saft av ½ lime
- 1 hvitløksfedd, skrelt og finhakket
- 30 ml vann
- ½ rød chili, uten frø om du ønsker en mildere hit, finhakket

bruksanvisning:
a) Ha svinekjøtt, sitrongresspasta, fiskesaus, hvitt sukker, knust hvitløk, vårløk og hvit pepper i en bolle og bland godt med rene hender. Del i 12 like biter, rull deretter hver til en ball og flat litt. Legg til siden.

b) Kok opp en kjele med vann. Ha nudlene i en stor, varmefast bolle og hell over nok kokende vann til å dekke dem. Legg til siden i 10 minutter.

c) Tilbered gulrot og agurk i mellomtiden.

d) Når nudlene er myke, tøm dem av og hold dem under kaldt rennende vann til de er kjølige. Tøm igjen og legg dem til siden til de skal brukes.

e) Plasser en stor stekepanne over middels høy varme og tilsett vegetabilsk olje. Når de er varme, tilsett kjøttbollene og stek i 2–3 minutter på hver side, eller til de er gyldenbrune og gjennomstekt. Mens kjøttbollene koker legger du alle ingrediensene til dressingen i en bolle og blander godt.

f) Del nudlene mellom to serveringsboller og tilsett gulrot, agurk, bønnespirer, salatblader og friske urter. Topp med de kokte kjøttbollene. Hell litt av dressingen over salaten og server resten ved siden av. Strø over peanøttene før servering.

92. Asiatisk andesalat

Serverer 2

INGREDIENSER:
- 2 andebryst
- 1 ts kinesisk femkrydderpulver
- 6 reddiker, fine skiver
- ⅓ agurk, halvert på langs og skåret i skiver
- 2 store håndfuller brønnkarse
- 2 store håndfuller bønnespirer
- 2 store håndfuller blandede salatblader
- Liten håndfull korianderblader
- 1 ts ristede sesamfrø
- 1 lang rød chili, uten frø om du vil ha en mildere hit, finskåret på skrå
- 2 vårløk, kun grønne deler, finskåret på langs
- Havsalt og nykvernet sort pepper
- Til dressingen
- 1½ ss hoisinsaus
- 1 ts skrelt og revet fersk rot ingefær
- 1 ss sesamolje
- 1 ss riseddik
- Saft av ½ lime

bruksanvisning:

a) Forvarm ovnen til 200°C/180°C vifte/gass 6.

b) Bruk en veldig skarp kniv og skjær skinnet på andebrystene i diagonale linjer, først i den ene retningen, så den andre, slik at du har et diamantmønster. Gni inn det kinesiske femkrydderet, og krydre deretter begge sider med salt og pepper.

c) Legg andebrystene med skinnsiden ned i en ildfast, ildfast stekepanne. Sett kjelen over middels høy varme og stek i 7 minutter, eller til fettet har smeltet sammen og skinnet er sprøtt og gyllent.

d) I mellomtiden legger du reddikene og agurken i en salatskål med brønnkarse, bønnespirer, blandede salatblader og koriander. Lag dressingen ved å visp alle ingrediensene sammen.

e) Snu andebrystene og sett stekepannen i ovnen i 3–4 minutter. Ta ut av ovnen og la hvile i 2–3 minutter.

f) Tilsett halvparten av dressingen i salatbollen og bland godt. Fordel salaten mellom to serveringsfat.

g) Skjær anda i tykke skiver og legg den på toppen av salaten. Hell over resten av dressingen og dryss over sesamfrø, chili og vårløk før servering.

93. Pannestekt laks med varm potetsalat

Serverer 4

INGREDIENSER:
- 700g nye poteter eller salatpoteter, for eksempel Charlotte eller Pink Gran Eple
- ½ ts salt
- 1 laurbærblad
- 2 timiankvister
- 5 sorte pepperkorn
- 1 ss olivenolje
- 4 laksefileter, skinn på
- 2 banansjalottløk
- 2 ss dill
- 150 g crème fraîche
- 2 ss nonpareils kapers
- Havsalt og nykvernet sort pepper
- Sitronskiver, til servering

bruksanvisning:
a) Kok opp en kjele med vann, og hell det over i en kjele. Tilsett poteter, salt, laurbærblad, timiankvister og pepperkorn, dekk kjelen med lokk og kok opp. Når det koker, ta av lokket, reduser varmen og la det småkoke i 10–12 minutter, eller til det er gjennomstekt.
b) Mens potetene koker, skrell og finhakk sjalottløk og hakk dill.
c) Når potetene er kokt, la dem renne av og legg dem på et skjærebrett for å avkjøles litt. Kast laurbærbladet, timiankvistene og pepperkornene.
d) Sett en stor stekepanne over middels høy varme og tilsett olivenolje. Krydre laksefiletene med salt, og når oljen er varm, tilsett dem i pannen med skinnsiden ned. Stek i 3–4 minutter før du snur og steker i ytterligere 1–2 minutter. Ta kjelen av varmen og sett til siden.
e) Bruk et rent kjøkkenhåndkle for å beskytte hånden, skjær de varme potetene i skiver og legg dem i en bolle med sjalottløk, dill, crème fraîche og kapers. Rør for å kombinere, og smak til med salt og sort pepper.
f) Legg laksefiletene på tallerkener med en sitronskive ved siden av, og tilsett en raus skje av de varme potetene. Server med en grønn salat.

94. Røykfylt kikerttunfisksalat

Kikerttunfisk:
- 15 gram kokte kikerter hermetisert eller på annen måte.
- 2-3 ss vanlig yoghurt
- 2 ts dijonsennep.
- ½ ts malt spisskummen.
- ½ ts røkt paprika.
- 1 ss fersk sitronsaft.
- 1 stangselleri i terninger.
- 2 kålløk hakket.
- Havsalt etter smak.

Sandwich montering:
- 4 stykker rugbrød eller spiret hvetebrød.
- 1 kopp spedbarnsspinat.
- 1 avokado i skiver eller terninger.
- Salt + pepper.

BRUKSANVISNING:
a) Forbered kikerttunfisksalaten
I en foodprosessor pulser du kikertene til de ligner en grov, smuldrete tekstur. Hell kikertene i en middels stor bolle og ta med resten av de aktive ingrediensene, rør til de er godt blandet. Smak til med rikelig med havsalt etter egen smak.
b) Lag din sandwich
c) Legg babyspinaten på hver brødskive; legg til flere hauger med kikerttunfisksalat, fordel jevnt. Topp med avokadoskiver, et par korn havsalt, og nykvernet pepper.

DESSERTER

95. Cilantro-infundert avokadolimesorbet

Gjør 4

INGREDIENSER:
- 2 avokadoer (fjernet grop og hud)
- ¼ kopp erytritol, pulverisert
- 2 mellomstore limefrukter, saftet og skallet
- 1 kopp kokosmelk
- ¼ ts flytende stevia
- ¼ – ½ kopp koriander, hakket

BRUKSANVISNING:
a) Kok opp kokosmelk i en kjele. Tilsett limeskallet.
b) La blandingen avkjøles og frys deretter.
c) Kombiner avokado, koriander og limejuice i en foodprosessor. Puls til blandingen har en tykk tekstur.
d) Hell kokosmelkblandingen og flytende stevia over avokadoene. Puls blandingen sammen til den når passende konsistens. Det tar omtrent 2-3 minutter å gjøre denne oppgaven.
e) Sett tilbake i fryseren for å tine eller server med en gang!

96. **Kirsebær og sjokolade smultringer**

Gjør 12

Tørre ingredienser
- 3/4 kopp mandelmel
- ¼ kopp gyldent linfrømåltid
- 1 ts bakepulver
- Klyp salt
- 10 g barer mørk sjokolade, kuttet i biter

Våte ingredienser
- 2 store egg
- 1 ts vaniljeekstrakt
- 2 ½ ss kokosolje
- 3 ss kokosmelk

BRUKSANVISNING:
Kombiner de tørre ingrediensene i en stor miksebolle (unntatt den mørke sjokoladen).

Bland inn de våte ingrediensene og vend deretter inn de mørke sjokoladebitene.

a) Koble til smultringmaskinen og olje den om nødvendig.
b) Hell røren i smultringmaskinen, lukk og stek i ca 4-5 minutter.
c) Reduser varmen til lav og stek i ytterligere 2-3 minutter.
d) Gjenta for resten av røren og server deretter.

97. Rustikk hyttepai

Gir 4 til 6 porsjoner

INGREDIENSER:
- Yukon Gold-poteter, skrelt og i terninger
- 2 ss margarin
- ¼ kopp vanlig usøtet soyamelk
- Salt og nykvernet sort pepper
- 1 ss olivenolje
- 1 middels gul løk, finhakket
- 1 middels gulrot, finhakket
- 1 selleriribbe, finhakket
- 12 gram seitan, finhakket
- 1 kopp frosne erter
- 1 kopp frosne maiskjerner
- 1 ts tørket velsmakende
- ½ ts tørket timian

BRUKSANVISNING:
a) I en kjele med kokende saltet vann, kok potetene til de er møre, 15 til 20 minutter.
b) Tøm godt og tilbake i kjelen. Tilsett margarin, soyamelk og salt og pepper etter smak.
c) Mos grovt med en potetstapper og sett til side. Forvarm ovnen til 350°F.
d) Varm oljen over middels varme i en stor panne. Tilsett løk, gulrot og selleri.
e) Dekk til og kok til de er møre, ca 10 minutter. Overfør grønnsakene til en 9 x 13-tommers stekepanne. Rør inn seitan, soppsaus, erter, mais, salt og timian.
f) Smak til med salt og pepper etter smak og fordel blandingen jevnt i stekepannen.
g) Topp med potetmosen, spre seg til kantene av stekepannen. Stek til potetene er brune og fyllet er boblende, ca 45 minutter.
h) Server umiddelbart.

98. Sjokolade amaretto fondue

Gir 4 porsjoner

INGREDIENSER:
- 3 gram usøtet bakesjokolade
- 1 kopp tung krem
- 24 pakker aspartamsøtningsmiddel
- 1 ss sukker
- 1 ts amaretto
- 1 ts vaniljeekstrakt
- Bær, ½ kopp per porsjon

BRUKSANVISNING:

a) Knekk sjokoladen i små biter og legg i et 2-kopps glassmål med kremen.

b) Varm i mikrobølgeovnen på høy til sjokoladen er smeltet, ca 2 minutter. Pisk til blandingen er blank.

c) Tilsett søtningsmiddel, sukker, amaretto og vanilje, visp til blandingen er jevn.

d) Ha blandingen over i en fonduegryte eller en serveringsbolle. Server med bær til dipping.

99. Flans med bringebærcoulis

Gir 2 til 4 porsjoner

INGREDIENSER:
- 1 kopp melk
- 1 kopp halv og halv
- 2 store egg
- 2 store eggeplommer
- 6 pakker aspartam søtningsmiddel
- ¼ ts kosher salt
- 1 ts vaniljeekstrakt
- 1 kopp friske bringebær

BRUKSANVISNING:
a) Plasser en stekepanne fylt med 1 tomme vann på en rist i nedre tredjedel av ovnen.
b) Smør seks ½-tommers ramekins. Varm melken og halvparten i mikrobølgeovnen på høy (100 prosent effekt) i 2 minutter eller på komfyren i en middels kjele til den er varm.
c) Pisk i mellomtiden eggene og eggeplommene i en middels bolle til det blir skummende.
d) Pisk den varme melkeblandingen gradvis inn i eggene. Rør inn søtningsmiddel, salt og vanilje. Hell blandingen i de tilberedte ramekins.
e) Ha i de vannfylte kasserollene og stek til vaniljesausen er stivnet, ca 30 minutter.
f) Ta rettene ut av stekepannen og avkjøl til romtemperatur på en rist, og avkjøl til de er avkjølt, ca. 2 timer.
g) For å lage coulis, puréer du bare bringebærene i foodprosessoren. Tilsett søtningsmiddel etter smak.
h) For å servere, kjør en skje rundt kanten av hver vaniljesaus og vend den ut på en desserttallerken.
i) Ringle coulis over toppen av vaniljesausen og avslutt med noen friske bringebær og en kvist mynte hvis du bruker.

100. Fruktkuler i bourbon

Gir 2 porsjoner

INGREDIENSER:
- ½ kopp melonkuler
- ½ kopp halverte jordbær
- 1 ss bourbon
- 1 ss sukker
- ½ pakke aspartamsøtningsmiddel
- Kvister av fersk mynte til pynt

BRUKSANVISNING:
a) Kombiner melonkulene og jordbærene i en glassform.
b) Bland med bourbon, sukker og aspartam.
c) Dekk til og avkjøl til servering. Hell frukten i dessertretter og pynt med mynteblader.

KONKLUSJON

Gratulerer, du har kommet til slutten av The Den alt trive mødre kokeboken! Vi håper at denne boken har vært en verdifull ressurs for deg, og gir praktiske løsninger for å gi familien din sunne og deilige måltider, selv på de travleste dagene.

Som en travel mor kan det være utfordrende å balansere dine mange ansvarsområder samtidig som du tar vare på familiens ernæringsbehov. Denne kokeboken er designet med tanke på deg, med oppskrifter som er enkle å følge, raske å tilberede og fulle av essensielle næringsstoffer.

Husk at matlaging ikke trenger å være et ork. Det kan være et morsomt og kreativt utløp, og en måte å vise din kjærlighet til familien din gjennom deilige og nærende måltider. Vi oppfordrer deg til å eksperimentere med forskjellige ingredienser og smakskombinasjoner, og å involvere barna dine i matlagingsprosessen når det er mulig.

Fremfor alt håper vi at denne kokeboken har bidratt til å forenkle livet ditt og bringe glede til måltidene dine. Vi mener at sunn og deilig mat bør være tilgjengelig for alle, og vi er stolte over å ha delt denne samlingen av oppskrifter med deg.

Takk for at du valgte The Den alt trive mødre kokeboken, og god matlaging!

Ingram Content Group UK Ltd.
Milton Keynes UK
UKHW021148220623
423869UK00009B/65